Berlitz

L'ANGLAIS 2.0

La méthode de langue interactive du 21e siècle

Berlitz Publishing
New York Londres Singapour

L'ANGLAIS2.0

Contacter les éditeurs
Bien que l'exactitude des informations présentées dans ce guide ait été soigneusement vérifiée, des changements sont inévitables. La société APA Publications ne pourra en aucun cas être tenue pour responsable des pertes, des inconvénients ou des accidents que pourraient subir les personnes utilisant cet ouvrage. N'hésitez pas à nous faire part de vos corrections en cas d'erreurs ou d'informations obsolètes, écrivez-nous à l'adresse suivante :

Blay Foldex/Berlitz, 40-48 rue des Meuniers, 93108 Montreuil Cedex, France.
E-mail : info@berlitzeditions.fr

1re impression, juillet 2011
Imprimé en Chine
ISBN : 978-2-400-20031-0

Édition originale :
Direction de la publication : Sheryl Olinsky Borg
Direction éditoriale : Lorraine Sova
Équipe éditoriale : Andrea Pearman, Christine Condon, Paul Arcario
Couverture et conception graphique des pages intérieures : Leighanne Tillman
Photo de couverture : © istockphoto/liaminou

Édition française :
Adaptation et révision : Alison Curr
Traduction : Marion Deroin
Coordination : Virginie Mahieux
Mise en pages : DESK
Photo de couverture : ©istockphoto/liaminou

Sommaire

Comment utiliser L'ANGLAIS 2.0

L'ANGLAIS 2.0 est une méthode de langue novatrice pour débutants qui privilégie l'approche multimédia en vous faisant travailler diverses situations de la vie quotidienne avec des locuteurs anglais et américains. Vous améliorerez votre compréhension et votre expression, aussi bien à l'oral qu'à l'écrit, grâce au livre et aux contenus en ligne.

Rendez-vous sur le site communautaire **www.fr.berlitzhotspot.com** pour consulter ou télécharger des contenus.

L'ANGLAIS 2.0 se divise en 18 leçons. Chacune aborde un thème important de la vie de tous les jours, comme saluer quelqu'un et se présenter, commander au restaurant, faire du shopping.

Retrouvez au fil des leçons chacune des rubriques suivantes :

DIALOGUE

Des conversations de la vie de tous les jours entre locuteurs natifs.

VOCABULAIRE

Des mots clés et des expressions se rapportant à chaque leçon.

ACTIVITÉS

De nombreuses activités ludiques pour améliorer vos compétences écrites et orales, à découvrir dans le livre et en ligne.

LE SAVIEZ-VOUS ?

Tour d'horizon culturel des pays anglophones.

GRAMMAIRE

Des explications concises et faciles à comprendre.

CONSEIL PRATIQUE

Des conseils pour retenir durablement vos nouveaux acquis.

PRONONCIATION

Le point sur les sonorités de l'anglais.

POUR ALLER PLUS LOIN

Des suggestions pour améliorer votre pratique de la langue.

Testez-vous !

Récapitulez d'un seul coup d'œil ce que vous avez appris dans la leçon.

BERLITZ HOTSPOT

Rendez-vous sur www.fr.berlitzhotspot.com

Réseaux sociaux
Des idées pour engager la conversation avec vos amis sur **Berlitz Hotspot**.

Podcast
Des informations sur les cultures britannique et américaine à télécharger.

Activité Internet
Explorez de vrais sites anglophones.

Vidéo
Visionnez des scènes de la vie de tous les jours relatives à la culture et à la langue.

Audio
Pour les sections accompagnées d'un enregistrement audio.

L'orthographe, mais aussi le lexique, peuvent varier entre l'anglais britannique et l'anglais américain. Tout au long de cet ouvrage, vous rencontrerez les variantes britanniques indiquées par l'abréviation *Brit.*, ainsi que les variantes américaines que vous identifierez avec l'abréviation *Am*.
Dans le manuel, vous découvrirez également deux tests (situés après les leçons 9 et 18) : l'occasion pour vous de vérifier que vous avez atteint les objectifs de chaque séquence. Vous trouverez les réponses dans les corrigés en fin d'ouvrage.

L'ANGLAIS 2.0 – le CD-ROM

En plus des contenus en ligne, la méthode 2.0 comprend, à la fin du manuel, un CD-ROM comportant des jeux, des activités et des pistes audio à écouter : tout le nécessaire pour pratiquer et renforcer vos acquis !

Trouvez la paire !
Jouez au *memory* en anglais.

Quiz 2.0
Testez vos connaissances sur la langue, la grammaire et la culture anglophones.

Observez bien !
Répondez aux questions sur les vidéos de L'Anglais 2.0.

Écoutez bien !
Améliorez votre compréhension orale.

Parlez haut et fort !
Travaillez votre prononciation.

Prononciation

Le but de cette partie est de vous familiariser avec les sons anglais, grâce à l'alphabet phonétique international (API). Cet alphabet est composé de symboles, chacun étant la transcription d'un son.

CONSONNES

Symbole phonétique	Orthographes courantes	Position initiale dans le mot	Position centrale dans le mot	Position finale dans le mot
[s]	s, ss, c	sit	missing	face
[z]	z, zz	zoo	lazy	buzz
[t]	t	toe	return	hat
[d]	d	day	ladder	head
[T]	th	thumb	author	bath
[ð]	th	them	mother	breathe
[ʃ]	sh, ss	she	tissue	fish
[T]	ch, tu, tch	cherry	nature	watch
[Z]	si, ge	–	vision	beige
[D]	j, g, dg	jump	magic	edge
[j]	y	yes	mayor	–
[p]	p	pot	happy	tip
[b]	b	boy	table	cab
[f]	f	fun	after	if
[v]	v	very	oven	dive
[k]	c, ck, k	coat	package	like
[g]	g, gg	give	ago	egg
[w]	w	wet	away	–
[l]	l, ll	love	hello	pill
[r]	r, rr	rock	merry	car
[h]	h	hit	behind	–
[m]	m, mm	my	hammer	fame
[n]	n, nn	not	funny	in
[ŋ]	ng	–	singer	thing

VOYELLES

Symbole phonétique (anglais britannique)	Symbole phonétique (anglais américain)	Orthographes courantes	Position initiale dans le mot	Position centrale dans le mot	Position finale dans le mot
[i:]	[i]	e, ee, ea, ie	even	team	see
[I]	idem	i, ui, y	it	quick	–
[eI]	idem	a, ay, ai	ate	paid	away
[E]	idem	e, ea	egg	head	–
[{]	idem	a	apple	hat	–
–	[a]	a, o	opera	father	–
[ɑ:]		a, ar	art	father	–
[ɒ]		o	opera	got	–
[u:]	[u]	u, oo, ew, u	–	moon	you
[U]	idem	u, ou	–	put	–
[ʌ]	idem	u	up	some	–
[əʊ]	[oU]	o, oa, ough	oh	coat	though
[ɔ:]	[O]	a, aw	all	crawl	saw
[E]	idem	a	above	open	soda
–	[2]	er, or	–	perhaps	color [colour]
[ɜ:]	[ɝ]	ear, or, ur	earn	work	fur
[aU]	idem	ou, ow	out	mouse	now
[aI]	idem	i, igh, y	bite	sigh	sky
[OI]	idem	oi, oy	oil	coin	toy
[Iə]		ear, eer	ear	nearly	beer
[eə]		air, are, ear, ere	air	barely	where
[ʊə]		oor, our, ure		tourist	poor

Leçon 1 Saluer et se présenter

Meeting and Greeting

OBJECTIFS DE LA LEÇON

Dans la leçon 1, vous allez apprendre à faire connaissance avec une autre personne.

À la fin de cette leçon, vous saurez :

- saluer quelqu'un ;
- vous présenter ;
- épeler votre nom.

DIALOGUE

Écoutez ces personnes se saluer ou se dire au revoir.

1.

Homme : **Morning, Sue.**

Femme : **Oh, hi Joe. How are you?**

Homme : **Pretty good, thanks. And you?**

Femme : **Yes, I'm fine, thanks. Nice car.**

Homme : **Thanks.**

2.

Femme : **Good afternoon.**

Homme : **Oh, hello. I'm Nick Roberts.**

Femme : **Ah, yes. Mr Roberts. Just a moment, please.**

Homme : **Thank you.**

3.

Homme 1 : **OK, Tom. Goodbye.**

Homme 2 : **Goodbye, Mr Smith. And thanks.**

Homme 1 : **That's OK. Goodnight.**

4.

Homme : **Hello. Mr and Mrs Grant?**

Femme : **Yes, that's right.**

Homme : **Good evening. This is your table.**

Femme : **Thank you.**

1. AVEZ-VOUS BIEN COMPRIS ?

Quelles sont les différentes manières de saluer ou de prendre congé que vous avez entendues ?

Exemple : Hi.

Utilisez les mots et expressions suivants, qui vous guideront tout au long de la leçon.

VOCABULAIRE

afternoon	après-midi
and	et
bye *(version informelle de* ***goodbye****)*	salut *(pour dire au revoir)*
car	voiture
coffee	café
Could you repeat that?	Pourriez-vous répéter cela ?
evening *(from 6 p.m. to 10 p.m.)*	soirée *(de 18 h à 22 h)*
fine	bien
first name	prénom
good afternoon	bon après-midi
hello	bonjour
hi *(version informelle de* ***hello****)*	salut *(pour dire bonjour)*
good evening	bonsoir
good morning	bonjour *(le matin)*
goodnight	bonne nuit
goodbye	au revoir
How are you?	Comment allez-vous ?/Comment vas-tu ?
I'm fine	Je vais bien
(I'm) sorry?	Excusez moi ?/Pardon ? *(lorsque vous n'avez pas compris ou entendu ce qui vient d'être dit)*
just a moment	un instant
last name/surname	nom de famille
late	en retard
Miss *(pour une femme célibataire)*	Mademoiselle/Mlle
Mr (*Brit.*) ; **Mr.** (*Am.*) *(pour un homme)*	Monsieur/M.
Mrs (*Brit.*) ; **Mrs.** (*Am.*) *(pour une femme mariée)*	Madame/Mme
Ms (*Brit.*) ; **Ms.** (*Am.*)	*pour une femme, sans indication sur son état civil.*
My name is...	Je m'appelle...
Nice to meet you *(répondez* ***You too****)*	Ravi, e de vous rencontrer
no	non
OK/okay	d'accord
Pardon?/Excuse me?	Excusez-moi ?/Pardon ? *(lorsque vous n'avez pas compris ou entendu ce qui vient d'être dit)*
please	s'il vous plaît
very good/well (*Brit.*) ; **pretty good/well** (*Am.*)	très bien
See you!	À bientôt !
Sorry!	Désolé, e ! *(pour vous excuser)*
table	table
thank you	merci
thanks *(version informelle de* ***thank you****)*	merci
that	ce/cet/cette
that's right	c'est vrai/c'est ça
this	ce/cet/cette
What's your name?	Comment vous appelez-vous ?/Comment t'appelles-tu ?
yes	oui

LE SAVIEZ-VOUS ?

L'anglais est la langue maternelle de plus de 300 millions de personnes dans le monde.

2. ÉCOUTEZ BIEN !

Écoutez de nouveau les quatre petits dialogues. Puis inscrivez le numéro de chacun d'entre eux sous la photo qui lui correspond. Attention, une des images n'est associée à aucune conversation.

A.

B.

C.

D.

3. ÉCOUTEZ BIEN !

M. Bechstein arrive à la réception de son hôtel. Écoutez la conversation et complétez les cases (chaque case correspond à un mot). Puis écoutez-la de nouveau pour vérifier vos réponses. La première phrase est déjà complétée.

Réceptionniste : ______ ______.

M. Bechstein : ______ **afternoon.** ______ ______ **is Christian Bechstein.**

Réceptionniste : **I'm** ______**, could you repeat that,** ______ **?**

M. Bechstein : **Christian Bechstein.** ______ ______ **name is Christian, and** ______ ______ **name** ______ **Bechstein.**

Réceptionniste : **Ah, yes, Mr Bechstein.** ______ ______.

4. ÉCOUTEZ BIEN !

Écoutez ces quatre personnes épeler leur nom. Numérotez-les selon l'ordre dans lequel vous les avez entendus.

T. Bisset ______ **M. Campana** ______

G. Chaplin ______ **P. Massey** ______

5. ÉCOUTEZ BIEN !

Écoutez comment on dit l'alphabet en anglais.

LE SAVIEZ-VOUS ?

Dans les pays anglophones, il est très courant d'avoir un nom en trois parties : un prénom (*first name*), un deuxième prénom (*middle name*) et un nom de famille (*last name*). La plupart du temps, seuls le prénom et le nom de famille sont utilisés. Le deuxième prénom est surtout mentionné dans les documents administratifs.

6. ÉCOUTEZ BIEN !

Écoutez les prénoms suivants être épelés (trois prénoms féminins et trois prénoms masculins). Puis, écrivez-les dans les cases ci-dessous.

1. Susan
2. Lisa
3. Ellen
4. Steve
5. Paul
6. Richard

Maintenant, pouvez-vous les épeler à votre tour ?

LE SAVIEZ-VOUS ?

Dans les pays anglophones, comme en France, les femmes mariées prennent souvent le nom de famille de leur époux. Leur nom de jeune fille est désigné par le terme *maiden name*. En plus de *Miss* (Mlle) pour les femmes qui ne sont pas mariées, et de *Mrs* (Mme) pour les femmes mariées, les anglophones emploient *Ms* (dont il n'existe pas d'équivalent en français) pour s'adresser de manière neutre à une femme dont on ne connaît pas l'état civil ou par souci de non-discrimination.

7. À VOUS DE JOUER !

Présentez-vous à l'aide de la phrase suivante : *Hello, I'm* (votre nom). Entraînez-vous à épeler votre nom, puis celui de vos proches.

Le présent du verbe *to be* (être)

GRAMMAIRE

En anglais, le verbe être, *to be*, est irrégulier. Les formes conjuguées de *to be* sont souvent contractées avec les pronoms (I, you, he, she, etc.) :

Forme pleine (pronom + verbe)	Forme contractée
I am	I'm
you are	you're
he is	he's
she is	she's
it is	it's
we are	we're
you are	you're
they are	they're

Hello, I'm Sue Fisher.
We're sorry.
They're late.
He's fine. (Tom is fine.)

8. UN PEU D'EXERCICES...

Retrouvez les formes pleines correspondant aux formes contractées de *to be* données ci-dessous.

1. **they're** ____
2. **she's** ____
3. **we're** ____
4. **I'm** ____
5. **you're** ____
6. **he's** ____
7. **it's** ____

La forme négative : *not*

GRAMMAIRE

Pour mettre un verbe à la forme négative, on utilise *not*. *Not* se place juste après le verbe (ou après l'auxiliaire s'il y en a un dans la phrase).

She is not fine./She's not fine.
They are not late./They're not late.
We are not sorry./We're not sorry.

Il existe une forme contractée de *not*, qui s'accole au verbe *to be* (ou à l'auxiliaire s'il y en a un dans la phrase) et s'écrit *n't* :

She isn't fine.
They aren't late.
We aren't sorry.

Pour *I am* en revanche, il n'est pas possible d'utiliser la forme contractée de *not*. Les formes négatives sont les suivantes :

I am not./I'm not.
I am not Sue Fisher./I'm not Sue Fisher.

Il existe donc trois manières d'écrire une même phrase à la forme négative :

You are not Mr Smith./You're not Mr Smith./You aren't Mr Smith.

Attention : il n'est possible d'utiliser qu'une seule forme contractée à la fois. Si par exemple *not* est contracté, le verbe qui précède ne peut pas l'être :

✔ *She's not* ✔ *She isn't* ✘ ~~*She'sn't*~~

9. À VOUS DE JOUER !

Prononcez la forme contractée de chacune des formes pleines de *to be* données ci-dessous. Puis, épelez-les (l'apostrophe, *apostrophe* en anglais, se dit « epostrofi »).

1. **I am**
2. **we are**
3. **you are**
4. **he is**
5. **they are**
6. **it is**
7. **she is**

10. UN PEU D'EXERCICES...

Mettez *to be* à la forme négative en utilisant *not*.

1. **they're**
2. **she's**
3. **we're**
4. **I'm**
5. **you're**
6. **he's**
7. **it's**

11. UN PEU D'EXERCICES...

Mettez *to be* à la forme négative en utilisant la forme contractée *n't*.

1. **they're**
2. **she's**
3. **we're**
4. **I'm**
5. **you're**
6. **he's**
7. **it's**

Les adjectifs possessifs

GRAMMAIRE

Les adjectifs possessifs indiquent qu'un objet appartient à quelqu'un ou à quelque chose.

Sujet	**Adjectif possessif**
I	my
you	your
he	his
she	her
it	its (animal ou objet)
we	our
you (pluriel)	your (pluriel)
they	their

His name is Tom.   That's my coffee!   Her name is Susan.

Attention : l'adjectif possessif de la 3e personne du singulier (his/her) s'accorde avec le genre du possesseur :

Paul took his suitcase. (*Paul* est masculin.)
Susan took her suitcase. (*Susan* est féminin.)

Accolez un 's au nom de la personne dont on parle pour indiquer qu'il (ou elle) est le possesseur :

Judy's last name is Wells.

12. UN PEU D'EXERCICES...

Pour chaque duo d'images, écrivez le nom de l'objet et l'adjectif possessif correspondant. Puis reformulez en utilisant un 's accolé au nom de la personne.

Jack

1. **his coffee, Jack's coffee**

Mary and Elizabeth

2.

Caroline

3.

John

4.

Testez-vous !

Testez ce que vous avez appris au cours de cette leçon et révisez ce qui ne vous semble pas encore acquis.

SAVEZ-VOUS... ?

- ☐ **saluer quelqu'un le matin, l'après-midi et le soir**
  Good morning
  Good afternoon
  Good evening
  Hello/Hi
- ☐ **dire au revoir**
  Goodbye/Bye
  Goodnight
  See you!
- ☐ **vous présenter**
  Hello, I'm Nick Roberts.
- ☐ **prendre des nouvelles de quelqu'un**
  How are you?
- ☐ **conjuguer *to be***
  I am, you are, he/she/it is, we are, you are, they are
- ☐ **utiliser les formes contractées de *to be***
  I'm, you're, he's/she's/it's, we're, you're, they're
- ☐ **mettre *to be* à la forme négative**
  I am not/I'm not
  you are not/you're not/you aren't
  he is not/he's not/he isn't
  she is not/she's not/she isn't
  it is not/it's not/it isn't
  we are not/we're not/we aren't
  you are not/you're not/you aren't
  they are not/they're not/they aren't
- ☐ **décliner votre nom**
  My name's Bill Waits.
  I'm Sue Fisher.
  My first name is Bill, and my last name is Waits.
- ☐ **épeler votre nom**

BERLITZ HOTSPOT

Rendez-vous sur www.fr.berlitzhotspot.com...

Réseaux sociaux

Découvrez **Berlitz Hotspot** et rencontrez de nouveaux amis qui comme vous apprennent l'anglais. Échangez sur ce que vous avez appris, posez des questions, trouvez des photos et bien plus encore !

Podcast 1

Se dire bonjour de façon informelle

Téléchargez ce podcast.

Activité Internet

Vous voulez connaître d'autres prénoms anglais ? Rendez-vous sur **Berlitz Hotspot** pour découvrir une liste de sites regroupant les noms anglophones les plus populaires. Choisissez-en quelques-uns parmi vos préférés et excercez-vous à les épeler. Inventez des phrases simples comme : *My name is..., Her name is...*, etc.

Vidéo 1 – How do you do?

Deux personnes se rencontrent pour la première fois. Que se disent-elles ? Que font-elles ? Regardez la vidéo et découvrez comment les anglophones se saluent.

Leçon 2 Comment allez-vous ?

How Are You?

OBJECTIFS DE LA LEÇON

Dans la leçon 2, vous allez apprendre à faire connaissance avec d'autres personnes. À la fin de cette leçon, vous saurez :

- faire connaissance avec de nouvelles personnes ;
- présenter quelqu'un ;
- échanger des informations sur l'identité d'une personne (nom, nationalité et lieu d'habitation).

DIALOGUE

Écoutez ces deux amis faire connaissance avec la personne assise à côté d'eux dans l'avion.

Bob : **Sorry!**

Maria : **It's OK. It's OK.**

Bob : **My name's Bob, Bob Stewart.**

Maria : **Nice to meet you. I'm Maria García.**

Bob : **Pleased to meet you, Maria. And this is my friend Tony, Tony Davies.**

Tony : **How do you do?**

Maria : **How do you do?**

Bob : **So, where are you from, Maria? You're not British...**

Maria : **No, I'm not. I'm from Spain. And you? Are you British?**

Bob : **Yes, we both are. I'm from Scotland and Tony's from Wales.**

1. AVEZ-VOUS BIEN COMPRIS ?

A. Comment s'appellent ces trois voyageurs ?

a. Tony

b. Maria

c. Bob

B. D'où viennent-ils ?

a. Wales

b. Spain

c. Scotland

Utilisez les mots et expressions suivants, qui vous guideront tout au long de la leçon.

VOCABULAIRE

America/ United States of America	Amérique/États-Unis d'Amérique
both	tous les deux
Britain/ Great Britain	Grande-Bretagne
British	britannique
Canada	Canada
Canadian	canadien, enne
England	Angleterre
English	anglais, e
everyone	tout le monde
Excuse me.	Excusez-moi.
France	France
French	français, e
friend	ami, e
from	de/depuis *(origine)*
How are you?	Comment allez-vous/vas-tu ?
How do you do?	Enchanté, e
Italian	italien, enne
Italy	Italie
Japan	Japon
Japanese	japonais, e
Mexico	Mexique
Mexican	mexicain, e
next	à côté de/suivant, e
Nice to meet you./Pleased to meet you.	Ravi, e de vous rencontrer./ Enchanté, e.
North American	américain, e
Scotland	Écosse
Scottish	écossais, e
Spain	Espagne
Spanish	espagnol, e
team	équipe
This is...	C'est.../Voici...
Wales	Pays de Galles
welcome	bienvenue
Welsh	gallois, e
what	quoi/que
Where are you from?	D'où venez-vous/viens-tu ?

GRAMMAIRE

L'emploi des lettres capitales

En anglais, certains mots s'écrivent toujours avec une capitale. Comme en français, les noms propres, les pays, les villes, les nationalités et, bien sûr, le premier mot d'une phrase prennent une majuscule. D'autres emplois sont à retenir : les adjectifs de nationalité, les jours de la semaine, les mois, les titres d'œuvres mais aussi le sujet *I*, qui s'écrit toujours en capitale.

I am French.
Philip is from Boston.
He is in Spain.

2. ÉCOUTEZ BIEN !

Écoutez à nouveau le dialogue dans l'avion. Indiquez si les informations données sont vraies (*true*) ou fausses (*false*).

1. **Tony is from Scotland.**
2. **Maria isn't Spanish.**
3. **Tony is Bob's friend.**
4. **Bob and Tony are British.**

3. À VOUS DE JOUER !

Ces personnes se présentent lors d'une compétition. Lisez les phrases et entourez les lettres qui doivent être en capitales.

1. **hello. my name's kenji matsuda and i'm from tokyo.**
2. **this is tom priest, and he's canadian.**
3. **good evening. i'm henri bernard and i'm from france.**
4. **gina isn't spanish; she's italian.**
5. **is rosa from brazil?**

LE SAVIEZ-VOUS ?

La Grande-Bretagne (*Great Britain*) comprend trois pays : l'Angleterre, l'Écosse et le pays de Galles. Les Anglais, les Écossais et les Gallois sont donc tous britanniques (*British*). La Grande-Bretagne est souvent assimilée au Royaume-Uni (*United Kingdom* ou *U.-K.*), ce qui est une erreur car le Royaume-Uni comprend l'Angleterre, l'Écosse, le pays de Galles mais aussi l'Irlande du Nord.
Les îles Britanniques regroupent la Grande-Bretagne, la République d'Irlande ainsi que de nombreuses îles plus petites, telles que les îles Shetland ou les îles Anglo-Normandes.
Les habitants d'Amérique du Nord, qu'ils vivent au Canada ou aux États-Unis, sont désignés par le terme *North American*. *Central American* désigne les personnes venant de n'importe quel pays d'Amérique Centrale, de la même manière que *South American* fait référence aux habitants des pays d'Amérique du Sud.
Un *English speaker* est une personne de langue maternelle anglaise.

4. UN PEU D'EXERCICES...

Bill Waits a un rendez-vous d'affaires avec Sue Fisher. Ils doivent se retrouver à la réception mais Sue ne l'a encore jamais rencontré en personne. Complétez la conversation.

Sue : **Excuse me, [are] [you] Mr Waits?**

Smith : **No, [ ] name's Smith.**

Sue : **Oh, I'm [ ] !**

Sue : **Excuse me, Mr Waits?**

Bill : **Yes, [ ] [ ] Bill Waits.**

Sue : **How [ ] [ ] , Mr Waits? Sue Fisher.**

Bill : **Pleased [ ] [ ] [ ] .**

5. UN PEU D'EXERCICES...

À l'aide des photos, donnez une réponse plausible aux questions suivantes.

1. 

Is he well?

2. 

Where are you from?

3. 

Is he from London?

4. 

Are they American?

5. 

Excuse me, are you Sue Fisher?

6. 

How are you? I'm Mike Smith.

Les phrases interrogatives

GRAMMAIRE

Pour poser une question, il faut placer le verbe avant le sujet. La construction se fait à l'inverse d'une phrase affirmative, où le sujet précède le verbe. Observez les exemples suivants :

Forme affirmative	Forme interrogative
You are from Liverpool.	Are you from Liverpool?
He is from Canada.	Is he from Canada?

Pour construire une phrase interro-négative, on utilise la forme contractée de *not* plutôt que sa forme pleine.

They are not from New York. Aren't they from New York?

6. À VOUS DE JOUER !

Lors d'un voyage avec un ami, vous rencontrez une autre personne. Aidez-vous des étapes ci-dessous pour démarrer la conversation :

- saluez la personne
- présentez-vous
- précisez d'où vous venez : pays, ville ou nationalité
- présentez votre ami
- indiquez d'où il vient

Exemple :

Les réponses brèves

GRAMMAIRE

Vous pouvez répondre aux questions fermées en utilisant une réponse brève. Voici quelques exemples :

Yes, I am.	No, I'm not.
Yes, we/you/they are.	No, we/you/they aren't.
Yes, he/she/it is.	No, he/she/it isn't.

Attention : la forme contractée ne s'utilise que dans les phrases négatives.

Are Mr and Mrs Grant from Canada?

✔ Yes, they are.	✘ ~~Yes, they're~~.
Is your car Japanese?	No, it isn't./No, it's not.
Are you Judy Wells?	Yes, I am.
Is Tom North American?	Yes, he is.

7. UN PEU D'EXERCICES...

Transformez les affirmations suivantes en questions.

1. **Philip is from New York.**
2. **She is in Spain.**
3. **They are from Brazil.**
4. **I am from France.**
5. **We are in London.**
6. **You are not Emma Harris.**

8. UN PEU D'EXERCICES...

Donnez une réponse brève aux formes affirmative et négative pour chacune des questions suivantes.

1. **Is he Tony's friend?**
2. **Are you Spanish?**
3. **Are they from the US?**
4. **Are we in Liverpool?**
5. **Is she Italian?**
6. **Am I in Bond Street?**

9. UN PEU D'EXERCICES...

Replacez les mots dans le bon ordre pour former une phrase.

1. **French/car/is/his.**
2. **name/first/Emma/is/her.**
3. **not/we/are/Italy/from.**
4. **Jack's/Tom/is/friend.**
5. **from/aren't/we/North America.**

10. UN PEU D'EXERCICES...

Replacez les mots dans le bon ordre pour former une question.

1. **David's/is/car/that?**
2. **are/Spanish/you?**
3. **from/are/they/Japan?**
4. **she/John's/is/friend?**
5. **last/Judy's/Waits/name/is?**

11. UN PEU D'EXERCICES...

Deux amis qui commencent tout juste à apprendre l'anglais vous ont envoyé des e-mails. Corrigez leurs erreurs.

SEND DELETE

To:

From: pablo@pablito.com

Subject: Hello!

hello. How are you? My name Pablo. Where you are from? I from Madrid in Spain.

SEND DELETE

To: kenji@tokyo.com

From: pleased to meet you

Subject:

Hi. I am Kenji, tony's friend. Pleased to you meet. You are from where? Im from Tokyo.

12. UN PEU DE DÉTENTE...

Retrouvez les mots cachés.

J	A	P	A	N	E	S	E	E	O	F	H
G	O	O	D	B	Y	E	W	E	N	S	T
G	M	E	X	I	C	A	N	O	I	E	H
M	O	R	N	I	N	G	O	L	I	V	A
C	A	K	X	N	Z	N	G	I	C	E	N
A	E	M	B	F	R	N	E	D	I	N	K
N	M	N	E	E	E	E	O	E	T	I	Y
A	E	A	T	R	N	R	R	T	A	N	O
D	O	F	F	I	I	A	N	E	L	G	U
I	A	C	A	N	K	C	M	E	I	B	A
A	F	R	E	N	C	H	A	E	A	G	W
N	S	P	A	N	I	S	H	N	N	N	I

~~afternoon~~	evening	Japanese	Spanish
American	French	Mexican	thank you
Canadian	goodbye	morning	
English	Italian	name	

Testez-vous !

Testez ce que vous avez appris au cours de cette leçon et révisez ce qui ne vous semble pas encore acquis.

SAVEZ-VOUS... ?

- **vous présenter**
  I'm Bob Stewart.
  My name is Bob Stewart.
- **présenter une autre personne**
  This is my friend Tony Davies.
- **dire d'où vous venez ou d'où vient une autre personne**
  I am from Spain.
  He is from Wales.
- **préciser votre nationalité ou celle d'une autre personne**
  I am Mexican.
  She is French.
- **donner quelques noms de pays**
  Brazil
  France
  Italy
  Japan
  Mexico
- **poser des questions simples**
  Is Tony from Scotland?
  Are you from New York?
- **utiliser des réponses brèves**
  Yes, I am./No, I am not./No, I'm not.
  Yes, he is./No, he is not./No, he's not./
  No, he isn't.

BERLITZ HOTSPOT

Rendez-vous sur www.fr.berlitzhotspot.com...

Réseaux sociaux

Rendez-vous sur **Berlitz Hotspot** pour vous présenter. Commencez par *Hi, my name is* (votre nom). *I'm from* (votre ville ou votre pays).

Podcast 2

Pas de bises.

Téléchargez ce podcast.

Activité Internet

Apprenez-en plus sur les noms de pays et de nationalités. Sur **Berlitz Hotspot**, vous trouverez une liste de sites avec des cartes en anglais. Entraînez-vous à poser des questions ou à former des phrases sur le thème des pays et de leurs habitants, comme par exemple *Are you from Australia?* ou *Nikos is from Greece.*

Leçon 3 Mon n° de téléphone est le...

My Number Is...

OBJECTIFS DE LA LEÇON

Dans la leçon 3, vous allez apprendre à communiquer avec d'autres personnes.

À la fin de cette leçon, vous saurez :

- demander un numéro de téléphone ;
- saluer quelqu'un au téléphone ;
- demander et donner l'heure.

DIALOGUE

Écoutez ces personnes demander un numéro de poste dans une entreprise ou le numéro d'une chambre dans un hôtel.

1.

Femme : **Good morning. Delta Engineering.**

Homme : **Oh, good morning. Extension two, four, seven, please.**

Femme : **Two, four, seven. Just a moment, please.**

2.

Femme : **Hello. Is this eight, eight, two, five?**

Homme : **Yes, that's right. Eight, eight, two, five.**

Femme : **Oh, hello. This is Sue Fisher.**

3.

Homme : **Room number nine-oh-six, please.**

Femme : **I'm sorry?**

Homme : **Nine-oh-six, please.**

Femme : **Just a moment, please.**

4.

Homme : **My name's Bill Waits and my extension number is seven, zero, four, one.**

Femme : **I'm sorry, could you repeat that, please?**

Homme : **Seven, zero, four, one.**

Femme : **Thank you.**

1. AVEZ-VOUS BIEN COMPRIS ?

Vous avez dû entendre plusieurs chiffres dans ces dialogues. Combien de chiffres de 0 à 9 connaissez-vous déjà en anglais ?

Utilisez les mots et expressions suivants, qui vous guideront tout au long de la leçon.

VOCABULAIRE

a.m. *(du latin* ***ante meridiem****)*	*période de temps comprise entre minuit et midi*	**o'clock**	pile *(pour l'heure)*
extension	poste	**p.m.** *(du latin* ***post meridiem****)*	*période de temps comprise entre midi et minuit*
extension number	numéro de poste	**to repeat**	répéter
in the evening	dans la soirée	**room**	chambre
in the morning	dans la matinée	**telephone/phone**	téléphone
new	nouveau, nouvelle/ neuf, neuve	**the**	le/la/les
number	nombre/numéro/ chiffre	**What time is it?**	Quelle heure est-il ?

2. ÉCOUTEZ BIEN !

Écoutez la prononciation des chiffres de 0 à 9.

0	zero	4	four	8	eight
1	one	5	five	9	nine
2	two	6	six		
3	three	7	seven		

Écoutez à nouveau les dialogues. Entourez les chiffres que vous entendez.

1. **257** **247** **249**
2. **8 825** **9 925** **8 829**
3. **706** **916** **906**
4. **7 401** **7 041** **7 014**

LE SAVIEZ-VOUS ?

Pour répondre au téléphone en anglais, on emploie habituellement le mot *Hello*. Lorsqu'on énonce une suite de chiffres, *zero* se prononce indifféremment [ziro] ou [oh].

3. ÉCOUTEZ BIEN !

Écoutez ces messages laissés sur le répondeur. Quels sont les numéros de téléphone que vous avez entendus ? Écrivez-les ci-dessous.

1. **Joe Carter**
2. **BBA Limited**
3. **Judy Wells**
4. **Delta Engineering**

Hi, Sue. How are you? This is Joe, Joe Carter. My new telephone number, it's five, five, five, nine, eight, four, one. See you! Bye.

This is BBA Limited. Our new telephone number is five, five, five, eight, four, nine, zero. Thank you.

Bill? This is Judy, Judy Wells. This is my new number. It's five, five, five, one, seven, zero, three. OK? Five, five, five, one, seven, zero, three. Bye!

Hello, this is Delta Engineering. Our new number is five, five, five, two, nine, four, one. Thank you.

4. À VOUS DE JOUER !

Lisez vos réponses à l'exercice 3 en utilisant la phrase suivante : *This is* (votre nom). *My/our number is* (votre numéro), comme dans l'exemple.

Exemple :

5. ÉCOUTEZ BIEN !

Vous devez appeler la société Thomas Travel pour parler à Bill Massey. Complétez la conversation au moyen des indications données en français.

Massey : **Hello, Thomas Travel.**

Vous : Demandez s'il s'agit de M. Massey à l'appareil.

Massey : **Yes, it is. This is Bill Massey.**

Vous : Saluez-le et présentez-vous.

Massey : **I'm sorry, could you repeat that, please?**

Vous : Répétez votre nom.

Massey : **Ah, good morning. How are you?**

LE SAVIEZ-VOUS ?

Pour donner l'heure pile en anglais (1:00, 2:00, 3:00, etc.), vous pouvez indiquer l'heure de 1 à 12 puis ajouter *o'clock*. Si c'est le matin, ajoutez *a.m.*, et *p.m.* si c'est l'après-midi ou la soirée. En anglais américain, le cycle de 24 heures n'existe pas et en anglais britannique, ce cycle n'est habituellement pas employé à l'oral.

6. UN PEU D'EXERCICES...

Écoutez ces personnes demander l'heure qu'il est dans différents pays. Examinez ensuite les horloges ci-dessous et inscrivez les villes ou les pays correspondant à l'heure indiquée.

a.m.

a. ____________

a.m.

c. ____________

p.m.

b. ____________

Homme : **Excuse me.**
Femme : **Yes, can I help you?**
Homme : **What time is it, please?**
Femme : **It's twelve o'clock.**
Homme : **And what time is it in New York?**
Femme : **In New York? It's eight p.m.**
Homme : **Thank you.**

Femme : **Hello, can I help you?**
Homme : **Yes, what time is it in Tokyo, please?**
Femme : **It's ten a.m.**
Homme : **Ten o'clock. Thank you.**

Homme : **Hello, is that Jane?**
Femme : **Yes, this is Jane.**
Homme : **Hi, it's Tom.**
Femme : **Tom? Tom! Hi!**
Homme : **What time is it in England?**
Femme : **One o'clock in the morning!**
Homme : **Oh, sorry!**
Femme : **It's OK.**

Les prépositions

GRAMMAIRE

Employez *in* pour indiquer la localisation dans le temps : *in the morning* (dans la matinée), *in the afternoon* (dans l'après-midi), *in the evening* (dans la soirée).

It's 3:00 (three o'clock) in the morning.
Is it 7:00 (seven o'clock) in the evening?

In peut également désigner la localisation géographique : une ville ou un pays.

What time is it in Tokyo?
It's 5:00 (five o'clock) in Rome.

LE SAVIEZ-VOUS ?

Le premier méridien de Greenwich (dans la banlieue de Londres) est le nom donné au méridien qui sert de référence internationale de longitude. C'est à partir de ce méridien que sont déterminés les fuseaux horaires. Les fuseaux horaires à l'ouest de cette ligne peuvent avoir jusqu'à 12 heures de retard et ceux situés à l'est peuvent avoir jusqu'à 12 heures d'avance. Par exemple, pendant que les Londoniens s'apprêtent à déjeuner, les New-Yorkais se réveillent tout juste et les habitants de Sydney se préparent à aller se coucher.

LE SAVIEZ-VOUS ?

Il y a quatre fuseaux horaires différents aux États-Unis, autrement dit lorsqu'il est 16 h à New York, il n'est que 13 h à San Francisco.

7. À VOUS DE JOUER !

C'est maintenant à votre tour de laisser un message à partir des indications données. Commencez par écouter l'exemple avec attention, puis lancez-vous. Si vous le souhaitez, entraînez-vous en écrivant vos réponses ci-dessous.

- saluez la personne
- présentez-vous
- épelez votre prénom
- épelez votre nom de famille
- indiquez votre numéro de téléphone
- précisez l'heure qu'il est
- prenez congé

Exemple : Good morning. This is Etsuko Matsui. My first name is Etsuko. E - T - S - U - K - O. And my last name is Matsui. M - A - T - S - U - I. My telephone number is five, five, five, two, five, zero, five. And it's ten o'clock in the morning. Thank you.

PRONONCIATION

L'accent tonique

Dans un mot, la syllabe accentuée (*stressed syllable*) est prononcée plus fort et plus longuement que les autres.

En prononçant à voix haute le mot *number*, vous remarquerez que la syllabe « *num* » est plus appuyée que la syllabe « *ber* ». Bien que de nombreux mots suivent le schéma « syllabe accentuée-syllabe atténuée » (« *stressed-unstressed* »), comme *number*, il n'est pas toujours évident de déterminer quelle syllabe doit être accentuée. Les exercices suivants vous aideront à les identifier.

8. ÉCOUTEZ BIEN !

Écoutez l'accentuation des mots suivants. Soulignez la syllabe accentuée de la même manière que cela a été fait pour le premier mot.

evening	number
morning	sorry
goodbye	hello
goodnight	Mexico
telephone	Portugal

9. ÉCOUTEZ BIEN !

Écoutez les paires de mots. Indiquez si l'accentuation est la même ou si elle diffère.

1. **English, morning**
2. **Italy, Japanese**
3. **goodbye, seven**
4. **telephone, Canada**
5. **hello, number**

CONSEIL PRATIQUE

Évitez d'en faire trop d'un coup. Il est préférable d'étudier moins longtemps, mais de le faire tous les jours et de réviser régulièrement. Essayez de prendre l'habitude de vous y mettre toujours au même moment de la journée.

Testez-vous !

Testez ce que vous avez appris au cours de cette leçon et révisez ce qui ne vous semble pas encore acquis.

SAVEZ-VOUS... ?

- [ ] **répondre au téléphone**
  Hello?
- [ ] **demander un numéro de poste ou le numéro d'une chambre**
  Extension two, four, seven, please.
  Room number nine-oh-six, please.
- [ ] **vous présenter en laissant un message et votre numéro de téléphone sur un répondeur**
  This is *(votre nom)*. My number is *(votre numéro de téléphone)*.
- [ ] **demander l'heure**
  What time is it in Tokyo?
- [ ] **donner l'heure pile**
  It's 3:00 (three o'clock) in the morning.
  Is it 7:00 (seven o'clock) in the evening?
- [ ] **employer *in* pour préciser une situation géographique**
  It's 10 p.m. in New York.
- [ ] **identifier la syllabe accentuée quand vous entendez un mot**

Pour aller plus loin

Vous arrive-t-il de lire la presse anglophone ? Si oui, regardez la rubrique consacrée aux nouvelles internationales. Repérez combien de noms de pays vous connaissez déjà. Vous pouvez faire la même chose lorsque vous écoutez une émission en anglais à la télévision ou à la radio.

BERLITZ HOTSPOT

Rendez-vous sur www.fr.berlitzhotspot.com...

Réseaux sociaux

Allez sur **Berlitz Hotspot** et partagez vos impressions sur ce que vous avez appris dans cette leçon, comme le placement de l'accent tonique par exemple. Avez-vous des anecdotes amusantes sur la prononciation des langues étrangères ? Partagez-les avec vos amis sur **Bertlitz Hotspot**.

Podcast 3

Les numéros de téléphone.

Téléchargez ce podcast.

Activité Internet

Pour vous entraîner avec les numéros de téléphone, allez sur **Hotspot** pour trouver le lien de l'annuaire anglais. Faites quelques recherches et inventez des phrases simples en utilisant les informations que vous avez trouvées.

Vidéo 2 – **A Business Call**

Une femme d'affaires appelle une agence de voyages. Que dit-elle à la personne qui prend l'appel ?
De quelle manière laisse-t-elle son message ? Regardez la vidéo pour apprendre à passer des appels professionnels.

Leçon 4 Passer une commande

Buying Food and Drink

OBJECTIFS DE LA LEÇON

Dans la leçon 4, vous allez apprendre à commander à boire et à manger.

À la fin de cette leçon, vous saurez :

- passer une commande ;
- demander les prix.

DIALOGUE

Écoutez ces deux personnes passer leur commande dans un café.

Client 1 : **Hi.**

Cliente 2 : **Morning, Tom. How are you?**

Client 1 : **Fine, thanks.**

Serveuse : **Good morning. What would you like?**

Cliente 2 : **Um, I'd like a cup of coffee, please.**

Client 1 : **And I'll have tea.**

Serveuse : **Milk or lemon?**

Client 1 : **Milk, please.**

Serveuse : **Here you are.**

1. AVEZ-VOUS BIEN COMPRIS ?

Qu'ont commandé ces deux personnes ?

LE SAVIEZ-VOUS ?

Au Royaume-Uni, le thé est la boisson chaude la plus prisée. Les Américains et les Canadiens savent également apprécier une tasse de thé, mais le café reste leur boisson préférée.

Comme en France, l'eau du robinet (*tap water*) est gratuite dans les restaurants américains et britanniques.

Utilisez les mots et expressions suivants, qui vous guideront tout au long de la leçon.

VOCABULAIRE

a/an	un/une
altogether	en tout
baked potato	pomme de terre au four
bill *(Brit.)* **;** **check** *(Am.)*	addition
cent *(Am.)*	cent (*monnaie*)
cola	boisson au cola
cup	tasse
cup of coffee	tasse de café
dollar *(Am.)*	dollar
fruit salad	salade de fruits
green salad	salade verte
hamburger	hamburger
Here you are.	Voici./Tenez.
hot dog	hot dog
How much...?	Combien...?
ice cream	crème glacée
iced tea	thé glacé
I'd like...	J'aimerais...
I'll have...	Je prendrai...
lemon	citron
milk	lait
mineral water	eau minérale
omelette (*Brit.*) **;** **omelet** (*Am.*)	omelette
or	ou
orange juice	jus d'orange
pastry	pâtisserie
pence (*Brit.*)	pence (*monnaie*)
potato	pomme de terre
pound (*Brit.*)	livre *(monnaie et unité de mesure abrégée en « lb. »)*
soft drink (*Brit.*) **;** **soda** (*Am.*)	boisson gazeuse
sugar	sucre
tea	thé
toasted (*Brit.*) **or grilled** (*Am.*) **cheese sandwich**	sandwich grillé au fromage fondu
tuna sandwich	sandwich au thon
water	eau
What would you like?	Qu'est-ce que je vous sers ? *(littéralement : qu'aimeriez-vous ?)*

LE SAVIEZ-VOUS ?

En Grande-Bretagne, la monnaie est composée de *pounds* (£) et de *pence* (il y a 100 *pence* dans 1 *pound*). *Pence* est abrégé en *p* (prononcez « pi » en allongeant le son « i »), ce qui donne « *60p* » au lieu de « *60 pence* ». Pour un article coûtant plus de *£1* (*1 pound*, ou 1 livre), il est habituel de supprimer ce *p* et de dire « *one pound 25* » au lieu de « *one pound 25p* ». Vous entendrez peut-être le mot *quid*. C'est une version informelle du mot *pound* mais elle n'est jamais employée à l'écrit.
Aux États-Unis, au Canada, en Australie et en Nouvelle-Zélande, on utilise des *dollars* et des *cents* (il y a 100 *cents* dans 1 *dollar*).

2. ÉCOUTEZ BIEN !

Écoutez d'autres personnes passer commande. Sur le menu, numérotez les boissons et les en-cas de 1 à 7 en suivant l'ordre dans lequel ils ont été commandés.

3. UN PEU D'EXERCICES...

Regardez de nouveau le menu. Notez les noms de boissons ou d'en-cas ci-dessous en les faisant précéder de l'article indéfini *a* ou *an*. Écoutez l'enregistrement de l'exercice 2 pour vérifier vos réponses.

1.

2.

3.

4.

5.

6.

7.

L'article indéfini

GRAMMAIRE !

L'article indéfini est employé pour mentionner un nom de manière générale. Il se rencontre sous deux formes : *a* et *an*.

On emploie *a* lorsque le mot qui suit commence phonétiquement par une consonne :

> I'd like a hamburger, please.
> I'll have a tuna sandwich.

On emploie *an* lorsque le mot qui suit commence phonétiquement par une voyelle :

> I'd like an orange juice.
> It's an MP3 player. (MP3 se prononce « èm-pi-fri »)

On peut souvent remplacer l'article indéfini par le chiffre « one » (un, une).

Maintenant que vous connaissez la règle, vérifiez qu'il ne reste pas d'erreur dans l'exercice précédent.

4. À VOUS DE JOUER !

Examinez les additions ci-dessous. Répétez ce que les clients ont dit pour passer leur commande.

Exemple : I'd like a toasted cheese sandwich and a tea, please.

5. À VOUS DE JOUER !

Entraînez-vous à prononcer à voix haute des nombres de 11 à 100.

11	eleven	21	twenty-one	20	twenty
12	twelve	22	twenty-two	30	thirty
13	thirteen	23	twenty-three	40	forty
14	fourteen	24	twenty-four	50	fifty
15	fifteen	25	twenty-five	60	sixty
16	sixteen	26	twenty-six	70	seventy
17	seventeen	27	twenty-seven	80	eighty
18	eighteen	28	twenty-eight	90	ninety
19	nineteen	29	twenty-nine	100	one hundred

6. ÉCOUTEZ BIEN !

Écoutez ces clients demander le prix des boissons et des en-cas. Puis complétez l'addition et donnez le total.

Client 1 : **Excuse me, how much is the pastry?**

Serveuse 1 : **It's two seventy-five.**

Client 1 : **And how much is a coffee?**

Serveuse 1 : **One pound seventy-five.**

Cliente 2 : **What do the soft drinks cost?**

Serveur 2 : **One pound fifty.**

Cliente 2 : **And the sandwich? How much is the toasted cheese sandwich?**

Serveur 2 : **It's three twenty-five.**

Client 3 : **Excuse me. How much do I owe you?**

Serveuse 3 : **One fruit salad, three ninety-five.... one mineral water, one twenty-five..., and an ice cream, two pounds. That's seven pounds and twenty pence, please.**

Bill

The Lamb Inn

Pastry	*£2.75*
Toasted Cheese Sandwich	£
Fruit Salad	£
Soft Drink	£
Coffee	£
Mineral Water	£
Ice Cream	£

Total £

Les emplois de *Would like*

GRAMMAIRE

On utilise *would like*... pour demander quelque chose de manière polie.

I would like a coffee.

À l'oral, *would* dans une phrase affirmative est souvent contracté en *'d* :

I'd like an orange juice. = I would like an orange juice.
He'd like a new car. = He would like a new car.

À la forme interrogative, on utilise la forme complète de *would* :

What would you like?

7. À VOUS DE JOUER !

Vous voulez commander un thé. Préparez vos réponses en suivant les indications données. Puis lancez l'enregistrement et attendez que le serveur s'adresse à vous.

Serveur : **Can I help you?**

Vous : Commandez un thé.

Serveur : **Milk or lemon?**

Vous : Indiquez votre préférence.

Serveur : **Here you are.**

Vous : Demandez combien c'est.

Serveur : **That's ninety-five cents.**

LE SAVIEZ-VOUS ?

Dans un restaurant britannique, pour avoir l'addition vous demanderez *a bill* au serveur, mais dans un restaurant américain, on demande *a check*.

Testez-vous !

Testez ce que vous avez appris au cours de cette leçon et révisez ce qui ne vous semble pas encore acquis.

SAVEZ-VOUS... ?

- [ ] **commander un en-cas ou une boisson**
  I'd like a cup of coffee, please.
  I'll have tea.
- [ ] **employer l'article indéfini**
  I'd like a hamburger and an orange juice.
- [ ] **compter de 11 à 100**
- [ ] **demander les prix**
  Excuse me, how much is the pastry?
  And how much is a coffee?
- [ ] **utiliser *would like* et sa forme contractée**
  I'd like an orange juice.
  What would you like?

BERLITZ HOTSPOT

Rendez-vous sur www.fr.berlitzhotspot.com...

Réseaux sociaux

Échangez avec vos amis sur les boissons et plats typiquement anglais ou américains que vous préférez.

Podcast 4

Les plats à emporter.

Téléchargez ce podcast.

Activité Internet

Appréciez-vous la gastronomie britannique ou américaine ? Sur **Berlitz Hotspot**, vous trouverez les liens des sites Internet de plusieurs restaurants. Regardez leur menu et entraînez-vous à commander les plats qui vous font le plus envie.

Vidéo 3 – **Are You Ready to Order?**

Un homme passe sa commande dans un restaurant. Que lui demande la serveuse ? Que lui répond-il ? Regardez la vidéo et apprenez à commander un plat et une boisson.

Leçon 5 Voulez-vous de l'eau ?

Would You Like Some Water?

OBJECTIFS DE LA LEÇON

Dans la leçon 5, vous allez apprendre à proposer à manger et à boire.

À la fin de cette leçon, vous saurez :

- proposer à manger ou à boire à quelqu'un ;
- offrir plusieurs choix.

DIALOGUE

Dans un supermarché, écoutez le vendeur proposer une dégustation.

Vendeur : **Good morning. Would you like some cheese?**

Cliente 1 : **Sure, thank you.**

Vendeur : **Sir, would you like some, too?**

Client 2 : **OK, thanks.**

Vendeur : **You're welcome.**

Cliente 3 : **What's this?**

Vendeur : **It's potato salad. Would you like some?**

Cliente 3 : **Yes, please. Mmm, it's good! And what's that? Is that potato salad, too?**

Vendeur : **No, it's onion dip. Would you like some?**

Cliente 3 : **Sure, thank you. Mmm. How much is it?**

1. AVEZ-VOUS BIEN COMPRIS ?

A. Pouvez-vous citer les produits proposés par le vendeur ?

B. Lesquels sont particulièrement appréciés par les clients ?

Utilisez les mots et expressions suivants, qui vous guideront tout au long de la leçon.

VOCABULAIRE

apple	pomme
bean dip	*purée à base de haricots blancs pour l'apéritif*
cheese	fromage
cracker	cracker *(biscuit salé)*
cream	crème
crisps *(Brit.)* **;** **chips** *(Am.)*	chips
(a) drink	(une) boisson
to drink	boire
ginger ale	*boisson gazeuse au gingembre*
good ***(tasty)***	bon *(savoureux)*
How about...?	Que pensez-vous de... ?
man	homme
No, thanks.	Non, merci.
onion dip	*sauce à l'oignon pour l'apéritif*
or	ou
potato salad	salade de pommes de terre
salsa	sauce
snack	en-cas
some	de/du/des
sure	bien sûr
too	aussi
What?	Quoi ?
white	blanc
wine	vin
woman	femme
You're welcome.	De rien./Je vous en prie.

GRAMMAIRE

Some + indénombrables

Lorsque vous mentionnez une personne ou un objet, il faut employer l'article *a* ou *an*. Mais lorsqu'il s'agit d'indénombrables (*non-count nouns*) comme « du vin », « du sucre », « du fromage », « du café », etc., il faut faire précéder le nom de *some*. Toutefois, on peut employer *a* ou *an* dans certains cas. C'est possible lorsqu'un contenant (*a cup of*..., *a glass of*..., *a plate of*...) est implicite, car il n'est plus question de l'aliment, indénombrable, mais du contenant, dénombrable.

> Would you like some wine?
> How about a sandwich or some potato salad?
> I'll have some coffee.

Some peut également être utilisé en tant que pronom :

> The cheese is good. Would you like some?

2. ÉCOUTEZ BIEN !

Lors d'une soirée, écoutez l'hôte proposer à manger et à boire à ses invités. Reportez les noms de David ou de Jane à côté des choix de chacun.

white wine	Jane
ginger ale	
cheese and crackers	
onion dip	

Hôte : **Oh, David, hi!**

David : **Hello!**

Hôte : **David, this is Jane.**

David : **Hi, Jane. Nice to meet you.**

Jane : **Hello.**

Hôte : **Would you like a drink? Wine? Ginger ale? Juice?**

Jane : **Oh, I'd like white wine, please.**

Hôte : **David, how about you? White wine?**

David : **No, thanks. I'll have ginger ale.**

Hôte : **Here you are. David, how about some cheese and crackers?**

David : **Sure. Thanks.**

Hôte : **Jane, would you like some cheese and crackers?**

Jane : **I'm fine, thanks. What's this?**

Hôte : **It's onion dip. Would you like some?**

Jane : **Thanks. Mmm, it's good!**

3. ÉCOUTEZ BIEN !

Écoutez l'hôte proposer à manger à un autre de ses invités et complétez les cases.

Hôte : **Carol,** ______ ______ ______ ______ **salsa and chips?**

Carol : ______ ______ **, thanks.** ______ ______ **?**

Hôte : ______ **bean dip.** ______ **you** ______ ______ **?**

Carol : ______ **. Mmm,** ______ **good!**

4. À VOUS DE JOUER !

Vous êtes dans un avion entre New York et Londres. En vous aidant des indications données, complétez la conversation avec l'hôtesse de l'air.

Hôtesse de l'air : **Would you like something to drink?**

Vous : Dites-lui que vous aimeriez un café.

Hôtesse de l'air : **Cream and sugar?**

Vous : Dites-lui que vous aimeriez de la crème.

Hôtesse de l'air : **Would you like a snack?**

Vous : Refusez poliment.

5. À VOUS DE JOUER !

Vous avez invité des amis à venir passer la soirée chez vous. Proposez-leur à boire et à manger.

LE SAVIEZ-VOUS ?

Les chips sont appelées *crisps* en Grande-Bretagne et *chips* aux États-Unis. Attention, en Grande-Bretagne, le mot *chips* désigne en fait les frites, appelées *French fries* en Amérique du Nord.

GRAMMAIRE

This/That

This et *that* sont des démonstratifs. Ils servent à désigner quelque chose de concret ou d'abstrait. *This* désigne un élément proche, que ce soit physiquement ou métaphoriquement. *That* indique quelque chose d'éloigné. L'un et l'autre peuvent être employés en tant qu'adjectifs ou en tant que pronoms.

Adjectif démonstratif :

Excuse me, how much is this French wine?

That furniture is beautiful.

Pronom démonstratif :

Oh, is this your wine? Sorry!
That isn't Jane's car.
What's that?

6. À VOUS DE JOUER !

Vous avez invité une personne particulièrement difficile à satisfaire. Proposez-lui les choix suivants en utilisant *some* et *a/an*.

1. **apple** ***Would you like an apple?***
2. **cheese and crackers**
3. **crisps (*Brit.*) / chips (*Am.*)**
4. **ginger ale**
5. **salad**

7. UN PEU D'EXERCICES...

Formez des phrases en employant *or* et *this/that*, comme dans l'exemple suivant.

Exemple : Would you like some salad? This potato salad or that green salad?

1. **dip: onion dip / bean dip**

   ____

2. **cold drink: ginger ale / cola**

   ____

3. **hot drink: coffee / tea**

   ____

4. **wine: white wine / red wine**

   ____

8. LISEZ ATTENTIVEMENT !

Complétez le dialogue suivant. Utilisez *this/that* ou *some*.

Jane : **Excuse me, is ________ your wine?**

David : **No, ________ isn't my wine.**
________ is my wine.

Jane : **Oh, sorry! I thought ________ was my wine.**

David : **No, no. It's my wine.**

Jane : **You don't have much. Would you like ________ more?**

David : **Sure! I'll have ________ more. Thanks.**

Testez-vous !

Testez ce que vous avez appris au cours de cette leçon et révisez ce qui ne vous semble pas encore acquis.

SAVEZ-VOUS... ?

- [ ] **proposer à boire et à manger**
  Would you like some cheese?
  How about some crisps (*Brit.*), chips (*Am.*)?
- [ ] **utiliser *some* avec les indénombrables**
  Would you like some wine?
  How about a sandwich or some potato salad?
- [ ] **utiliser *this/that* en tant qu'adjectif démonstratif**
  Excuse me, how much is this French wine?
  That car is Japanese.
- [ ] **utiliser *this/that* en tant que pronom démonstratif**
  Oh, is this your wine? Sorry!
  That isn't Jane's car.
  What's that?
- [ ] **offrir plusieurs choix**
  Would you like some salad? This potato salad or that green salad?

BERLITZ HOTSPOT

Rendez-vous sur www.fr.berlitzhotspot.com...

Réseaux sociaux

Racontez à vos amis sur **Berlitz Hotspot** la nourriture que vous avez pu déguster dans des pays anglophones, ou celle que vous aimeriez bien goûter. Demandez-leur quels sont leurs plats et boissons préférés.

Podcast 5

Some et Any

Téléchargez ce podcast.

Activité Internet

Allez sur **Berlitz Hotspot** pour découvrir les liens des restaurants américains les plus connus. Entraînez-vous à proposer ce qu'il y a à la carte. Assurez-vous d'utiliser *some* ou *this*, *that* correctement !

Leçon 6 Avez-vous des cartes postales ?

Do You Have Postcards?

OBJECTIFS DE LA LEÇON

Dans la leçon 6, vous allez apprendre à faire des achats. À la fin de cette leçon, vous saurez :

- comment réagir quand un vendeur vous propose son aide ;
- demander ce que vous voulez acheter dans un magasin ;
- décrire un article.

DIALOGUE

Écoutez ces personnes faire des achats.

1.

Cliente 1 : **Excuse me. Do you have any postcards?**

Vendeur : **Yes, we do. They're here.**

Cliente 1 : **Oh, yes. How much are they, please?**

Vendeur : **Eighty-five pence.**

Cliente 1 : **OK. I'll take three.**

2.

Cliente 2 : **Excuse me.**

Vendeur : **Yes?**

Cliente 2 : **How much is that camera?**

Vendeur : **It's a hundred and fifty pounds.**

Cliente 2 : **Mmm. Could I see it, please?**

Vendeur : **Of course. Here you are.**

Cliente 2 : **It's nice.**

3.

Cliente 3 : **Excuse me. Do you have any maps?**

Vendeur : **Yes. The maps are over there.**

Cliente 3 : **Oh yes. How much are they, please?**

Vendeur : **Seven ninety-nine.**

1. AVEZ-VOUS BIEN COMPRIS ?

A. **Que veulent acheter ces trois personnes ?**

B. **Combien coûte chaque article ?**

Utilisez les mots et expressions suivants, qui vous guideront tout au long de la leçon.

VOCABULAIRE

Anything else?	Autre chose ?
bad	mauvais, e
bag	sac
beautiful	beau, belle
big	gros, grosse
book	livre
camera	appareil photo
cheap	bon marché
chocolate bar *(Brit.)* ; **candy bar** *(Am.)*	barre chocolatée
colours *(Brit.)* ; **colors** *(Am.)*	couleurs
Could I see it, please?	Pourrais-je le (la) voir, s'il vous plaît ?
Do you have any...?	Avez-vous...?
expensive	cher, chère
glass	verre
glasses	lunettes
to have	avoir
How much do the items cost?	Combien coûtent ces articles ?
idea	idée
I'll take...	Je vais prendre...
inexpensive	bon marché
interesting	intéressant, e
Let me see.	Montrez moi.
map	carte/plan
memory card	carte mémoire *(pour un appareil photo numérique)*
mobile phone *(Brit.)* ; **cellphone** *(Am.)*	téléphone portable
new	neuf, neuve/ nouveau, nouvelle
newspaper	journal
nice	joli, e/bon, bonne/ agréable
not bad	pas mauvais, e
of course	bien sûr
old	vieux, vieille
only	seulement
over there	là-bas
pen	stylo
postcard	carte postale
to see	voir
small	petit, e
T-shirt	tee-shirt
them	les *(pronom)*
these	ces/ceux-ci/celles-ci
those	ces/ceux-là/celles-là
very	très
watch	montre
Well...	Et bien...
Yes, we do.	Oui, bien sûr.

COLOURS

black	
blue	
brown	
green	
grey *(Brit.)* ; **gray** *(Am.)*	
orange	
pink	
purple	
red	
white	
yellow	

2. ÉCOUTEZ BIEN !

Écoutez ces deux personnes faire des achats. Indiquez le nom de l'article ainsi que le numéro du client à côté de l'article qui l'intéresse. Ensuite, inscrivez le prix de chaque objet sur l'étiquette.

1.

Cliente 1 : **Excuse me. How much is that bag?**

Vendeur : **The black bag? It's fifteen dollars.**

Cliente 1 : **It's nice. Yes, I'll take it.**

Vendeur : **Thank you.**

2.

Cliente 2 : **Excuse me. How much are the candy bars?**

Vendeur : **Seventy-five cents.**

Cliente 2 : **OK, I'll take two, please.**

Vendeur : **Anything else?**

Cliente 2 : **Yes. Do you have any maps of New York?**

Vendeur : **Maps? Yes, here they are. How about these?**

Cliente 2 : **Hmm, they're very small. How much are they?**

Vendeur : **Three fifty.**

Cliente 2 : **Hmm, no thank you.**

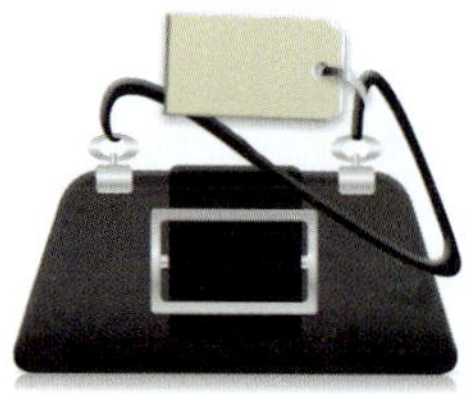

3. LISEZ ATTENTIVEMENT !

Reliez les phrases des deux colonnes pour former des extraits de dialogue.

1. **How much is this book?**
2. **Can I help you?**
3. **Thank you.**
4. **Do you have any maps?**
5. **How about this watch?**

a. **You're welcome.**
b. **It's very nice.**
c. **Sure. Here they are.**
d. **It's £15.99.**
e. **Yes, please. Could I see that book?**

4. ÉCOUTEZ BIEN !

Écoutez ces personnes discuter du choix d'un cadeau pour un de leurs amis. Cochez dans le tableau ci-dessous les adjectifs mentionnés dans l'enregistrement.

expensive		cheap		nice	✓
big		good		beautiful	
new		old		interesting	
small		inexpensive			

Homme 1 : **This is a nice book.**

Femme 1 : **Yes, it is. How much is it?**

Homme 1 : **Let me see. Forty-five pounds!**

Femme 1 : **Forty-five pounds! That's expensive.**

Homme 1 : **How about those T-shirts?**

Femme 1 : **Hmm, they're interesting colours. Excuse me. Can I see those blue and green T-shirts?**

Vendeur : **Here you are.**

Femme 1 : **Thank you. Oh, they're very big. Do you have any small T-shirts?**

Vendeur : **No, I'm sorry. Only these.**

Femme 1 : **Oh.**

Homme 1 : **How about some wine glasses?**

Femme 1 : **No.**

Homme 1 : **How about a bag? A new bag?**

Femme 1 : **That's a good idea! Look. Those are nice.**

Homme 1 : **Hmm. Excuse me. Could we see that black bag?**

CONSEIL PRATIQUE

Inscrivez les mots que vous avez appris dans un carnet et révisez-les dès que vous avez du temps libre.

Le pluriel des noms

GRAMMAIRE

Pour mettre la plupart des noms au pluriel, on ajoute un -s à la fin :

Their names are Susan and Tom.
The red T-shirts are nice!

On ajoute -*es* à la fin des mots se terminant par : -*s*, -*z*, -*ch* :

The sandwiches are cheap.
Where are the wine glasses?

On ajoute -*ies* à la fin des mots se terminant par une consonne + -*y* :

The pastries are expensive.

N'oubliez pas d'apprendre les pluriels irréguliers, comme *man/men*, *woman/women*, *child/children*.

The men are French, and the women are German.

5. À VOUS DE JOUER !

Observez les objets représentés ci-dessous, puis décrivez-les.

Exemple : **1.** It's a red bag. / That's a red bag. / This is a red bag.

These/Those

GRAMMAIRE

Le pluriel de *this/that* est *these/those*.

These aren't tuna sandwiches!

Excuse me, how much are these shirts?

Those cups are from China.

6. UN PEU D'EXERCICES...

Mettez les mots ci-dessous au pluriel. Ensuite, lisez vos réponses à voix haute.

1. **apple**		6. **map**	
2. **pastry**		7. **postcard**	
3. **camera**		8. **telephone**	
4. **sandwich**		9. **watch**	
5. **man**		10. **pencil**	

La place des adjectifs dans la phrase

GRAMMAIRE

En anglais, les adjectifs sont généralement placés avant le nom commun qu'ils qualifient.

Do you have any cheap cameras?
Two black T-shirts, please.

7. UN PEU D'EXERCICES...

Remplacez *this/that* par *these/those* dans les phrases suivantes.
Attention, d'autres modifications sont peut-être nécessaires pour que les phrases soient correctes.

1. **How much is that bag?**

2. **This isn't a blue T-shirt, it's a black T-shirt.**

3. **That camera isn't expensive.**

4. **This watch is too big.**

5. **That is a very nice book.**

6. **This cellphone is expensive.**

PRONONCIATION

1. En anglais, le -s final peut se prononcer de trois manières différentes selon les cas.

[s]	[z]	[iz]
books	pens	watches
cups	cars	oranges

2. Écoutez l'enregistrement et entraînez-vous à reconnaître les trois prononciations avec les mots ci-dessous.

maps	newspapers	watches
sandwiches	postcards	cameras

8. À VOUS DE JOUER !

Comment réagiriez-vous dans les situations suivantes ? Écrivez d'abord vos réponses puis lisez-les à voix haute.

1. Vous vous trouvez dans une maison de la presse. Vous souhaitez savoir s'il y a des journaux français.

2. Vous avez trouvé un petit appareil photo qui vous intéresse. Vous voulez connaître son prix.

3. Vous avez aperçu un stylo qui vous plaît. Vous aimeriez que le vendeur vous le montre de plus près.

4. Vous voulez acheter un appareil photo bon marché. Demandez à un vendeur qu'il vous conseille.

5. Un vendeur vous montre des tee-shirts. Vous voulez savoir s'il en a des rouges.

Testez-vous !

Testez ce que vous avez appris au cours de cette leçon et révisez ce qui ne vous semble pas encore acquis.

SAVEZ-VOUS... ?

- ☐ **demander un article dans un magasin**
  Excuse me. Do you have any postcards?
  Could we see that black bag?
- ☐ **demander un prix**
  How much are they, please?
  How much is that camera?
- ☐ **énumérer les couleurs de base**
  black, blue, brown, grey (*Brit.*), gray (*Am.*), green...
- ☐ **décrire des objets**
  This is a nice book.
  Do you have any small T-shirts?
- ☐ **mettre des noms au pluriel**
  watch watches
  pastry pastries
- ☐ **employer *these/those* correctement**
  These aren't tuna sandwiches!
  Excuse me, how much are those?
- ☐ **placer les adjectifs avant les mots qu'ils décrivent**
  Do you have any cheap cameras?
  Two black T-shirts, please.
- ☐ **prononcer correctement le -s final des mots au pluriel**
  books, pens, watches

Pour aller plus loin

Procurez-vous des menus en anglais, puis, après avoir cherché dans votre dictionnaire les mots que vous ne connaissez pas, entraînez-vous à commander vos plats et boissons préférés.

BERLITZ HOTSPOT

Rendez-vous sur www.fr.berlitzhotspot.com...

Réseaux sociaux

Allez sur **Berlitz Hotspot** et échangez vos impressions sur cette leçon. Si vous êtes déjà allé dans des pays anglophones, partagez vos bons plans sur les magasins que vous avez visités.

Podcast 6

Où faire ses courses ?

Téléchargez ce podcast.

Activité Internet

Faites une recherche pour trouver des sites de magasins américains et anglais. Accédez à leur catalogue en ligne et relevez le nombre d'articles que vous pouvez nommer.

Vidéo 4 – The Souvenir Shop

Une femme fait des achats dans un magasin de souvenirs. Que demande-t-elle au vendeur ? Combien coûtent les différents articles ? Regardez la vidéo et apprenez comment faire des achats dans un magasin.

Leçon 7 Que faites-vous dans la vie ?

What Do you Do?

OBJECTIFS DE LA LEÇON

Dans la leçon 7, vous allez apprendre à parler de vous et donner des détails sur votre vie professionnelle.

À la fin de cette leçon, vous saurez :

- parler des métiers ;
- parler de votre lieu de travail et de vos différentes attributions.

DIALOGUE

Écoutez cette conversation entre collègues à l'heure du déjeuner.

Hi! Well, my name's Susan and I work in that department store over there, the large brown building. I'm a sales assistant. This is my friend Jane.

Hi, I'm Jane. I work in the department store, too, but I'm a secretary. I work in the personnel office in the store.

My name's Tom and I'm a teacher, a school teacher. I teach French in a secondary school. It isn't very easy.

My name's David, David Short, and I'm an accountant. It's, uh, yes, it's interesting.

1. AVEZ-VOUS BIEN COMPRIS ?

Quels métiers sont mentionnés dans le dialogue ?

Que disent ces personnes à propos de leur travail ?

Utilisez les mots et expressions suivants, qui vous guideront tout au long de la leçon.

VOCABULAIRE

at	à/chez
bank	banque
building	immeuble/bâtiment
but	mais
by the way	à ce propos/au fait
company	société
computer	ordinateur
department store	grand magasin
to do	faire
easy	facile
employer	employeur/patron
engineering	ingénierie
hospital	hôpital
hotel	hôtel
in	dans
job	travail
large	grand
nationality	nationalité
occupation	métier
office	bureau
personnel	personnel *(ensemble des employés)*
Really?	Vraiment ?
restaurant	restaurant
retired	retraité, e
school	école
secondary school *(Brit.)* ; **high school** *(Am.)*	lycée
shop *(Brit.)* ; **store** *(Am.)*	magasin
to teach	enseigner
theatre *(Brit.)* ; **theater** *(Am.)*	théâtre
unemployed	chômeur, euse / sans emploi
university	université
What do you do?	Que faites-vous dans la vie ?
wife	épouse
to work (for)	travailler (pour)
young	jeune

MÉTIERS

accountant	comptable
actor *(masc.)*, **actress** *(fém.)*	acteur, actrice
doctor	médecin
housewife	femme au foyer
journalist	journaliste
nurse	infirmière
sales/shop assistant *(Brit.)* ; **salesclerk** *(Am.)*	vendeur, euse
salesman	représentant
secretary	secrétaire
student	étudiant, e
teacher	professeur
waiter *(masc.)*, **waitress** *(fém.)*	serveur, serveuse

2. ÉCOUTEZ BIEN !

Ces personnes se rencontrent pour la première fois lors d'une fête. Ils font connaissance et se demandent mutuellement ce qu'ils font dans la vie. Écrivez le nom de chaque personne sous la photo correspondante.

1.

2.

3.

4.

5.

Steve : **Would you like some wine?**

Jane : **Oh, yes, thanks.**

Steve : **By the way, I'm Steve Woods.**

Jane : **Nice to meet you. I'm Jane Bond.**

Steve : **So, what do you do, Jane? Do you work in New York?**

Jane : **Yes, I'm a teacher.**

Steve : **Yeah? What do you teach?**

Jane : **I teach Spanish in a high school. How about you, Steve? What do you do?**

Steve : **I work for a computer company.**

Jane : **Is it interesting?**

Steve : **Yes, it is.**

Robert : **What do you do, Linda?**

Linda : **I'm a journalist, for ABC News.**

Robert : **A journalist!**

Linda : **Yes. How about you? What do you do, Robert?**

Robert : **I'm unemployed. I'm an actor, but my wife Judy works. Judy's a nurse at City Hospital.**

3. UN PEU D'EXERCICES...

Complétez les cases, puis écoutez de nouveau la première conversation de l'exercice 2 pour vérifier vos réponses.

Steve : **So, what ______ ______ ______, Jane? ______ you ______ in New York?**

Jane : **Yes, ______ a teacher.**

Steve : **Yeah? What ______ you ______?**

Jane : **I teach Spanish ______ a high ______. How ______ you, Steve? What ______ ______ do?**

Steve : **______ ______ for a computer company.**

Jane : **______ ______ interesting?**

Steve : **Yes, ______ ______.**

4. UN PEU D'EXERCICES...

Retrouvez le lieu d'exercice de chacun de ces métiers.

A/An...	works...
teacher	in a hospital
secretary	in a theatre
sales assistant	in a school
nurse	in an office
waiter	in a department store
journalist	in a newspaper office
actor	in a restaurant

5. UN PEU D'EXERCICES...

Complétez les questions ci-dessous avec *is/are* ou *do/does*. Puis formulez une réponse brève en utilisant les mots entre parenthèses.

1. **Do** you work in a large shop?
   (no, small) No, I work in a small shop.
2. ______ Mr Woods work for Delta Engineering?
   (yes) ______
3. ______ Jack and John students?
   (yes) ______
4. ______ Mrs García teach in a secondary school?
   (no, university) ______
5. ______ Steve a computer salesman?
   (no, car salesman) ______
6. ______ Mr and Mrs Massey both work in Paris?
   (yes) ______

6. UN PEU D'EXERCICES...

Écoutez ces deux amis discuter de leur nouvelle voisine. Notez les informations échangées sur la carte ci-dessous.

Homme 1 : So, is she old?

Homme 2 : No, she isn't old. She's young.

Homme 1 : What's her name?

Homme 2 : Her name's Sylvia Dupont.

Homme 1 : Sylvia. Hmm. Nice name. Where's she from?

Homme 2 : She's from Paris.

Homme 1 : She's French? What does she do?

Homme 2 : She's a doctor.

Homme 1 : Really? Where does she work?

Homme 2 : She works at City Hospital.

7. UN PEU D'EXERCICES...

Vous avez un nouveau voisin, David Forest, et un ami vous pose des questions à son sujet. Répondez grâce aux informations présentes sur la carte de David.

Votre ami : What's his name?

Vous : ____________________

Votre ami : Where's he from?

Vous : ____________________

Votre ami : What does he do?

Vous : ____________________

Votre ami : Where does he work?

Vous : ____________________

Le présent simple

GRAMMAIRE

On emploie le présent simple pour évoquer des situations ou des actions se déroulant de manière habituelle.

La forme affirmative

La 3e personne du singulier *(he/she/it)* présente une particularité : on ajoute un -s ou un -es à la fin du verbe. Pour les autres pronoms *(I, you, we, they)*, le verbe s'écrit comme à l'infinitif (sans *to*).

I work for a car company, and David teaches English.
She works in a department store.

Attention, le verbe avoir, *to have*, est également irrégulier à la 3e personne du singulier : he/she/it has.

I have a good job, but she has a good job, too.
They have a new car.

La forme négative

Pour mettre un verbe à la forme négative, il faut utiliser un auxiliaire, comme *do* (qui devient *does* à la 3e personne du singulier) :

I/you/they + do not + verbe he/she/it + does not + verbe

À l'oral, ces formes sont souvent contractées : *don't, doesn't.*

I don't work for a car company. = I do not work for a car company.
She doesn't teach French. = She does not teach French.
The hotel doesn't have a nice restaurant.
They don't have a new car.

La forme interrogative de *to do*

Pour former une phrase interrogative, il faut placer l'auxiliaire *do* en premier, puis le sujet et ensuite le verbe. Attention, à la 3e personne du singulier, le -s se place sur l'auxiliaire et le verbe s'écrit comme à l'infinitif (sans *to*) :

Do you work for a car company?
Does she teach French?
Does the hotel have a nice restaurant?

Réponses brèves

Yes, I/you/we/they do. – Yes, he/she/it does.
No, I/you/we/they don't. – No, he/she doesn't.

Does she work in New York?	Yes, she does.
Do Mr and Mrs Johnson have a new car?	No, they don't.
Does she have any children?	No, she doesn't.

8. UN PEU D'EXERCICES...

Vous êtes à une fête. Présentez-vous à l'un des invités avec cinq phrases au présent simple. Dites d'où vous venez, ce que vous faites dans la vie, etc.

Exemple : Hello! My name is Dominika. I'm from Poland. I'm a journalist.

1.

2.

3.

4.

5.

9. À VOUS DE JOUER !

Pablo vient d'emménager près de chez vous. Posez quelques questions sur Pablo à votre voisin en utilisant l'auxiliaire *do* et *what*, *where*, etc. Donnez ses réponses sous forme de réponses brèves.

1. **Question**

   Réponse

2. **Question**

   Réponse

3. **Question**

   Réponse

Testez-vous !

Testez ce que vous avez appris au cours de cette leçon et révisez ce qui ne vous semble pas encore acquis.

SAVEZ-VOUS... ?

- ☐ **indiquer votre profession**
  I'm a sales assistant *(Brit.)* *ou* a salesclerk *(Am.)*.
  I'm a teacher.
- ☐ **énumérer plusieurs métiers**
  accountant
  actor *(masc.)*, actress *(fém.)*
  doctor
  housewife
  journalist
- ☐ **citer des lieux d'activité**
  A teacher works in a school.
  A nurse works in a hospital.
- ☐ **poser des questions au sujet de quelqu'un**
  What's his name?
  Where's he from?
  What does he do?
- ☐ **donner des réponses à la forme positive et à la forme négative**
  I work in a hospital./I don't work in a hospital.
  I teach French./She doesn't teach French.
- ☐ **poser des questions en utilisant *do* comme auxiliaire**
  Does she teach French?
  Does the hotel have a nice restaurant?
- ☐ **donner des réponses brèves à des questions**
  Does she work in New York?
  Yes, she does.
  Do Mr and Mrs Johnson have a new car?
  No, they don't.

BERLITZ HOTSPOT

Rendez-vous sur www.fr.berlitzhotspot.com...

Réseaux sociaux

Expliquez à vos amis ce que vous faites dans la vie. Aimez-vous votre travail ?

Podcast 7

Travail, travail, travail...

Téléchargez ce podcast.

Activité Internet

Recherchez des photos de célébrités sur Internet et inventez-leur une histoire en expliquant d'où ils viennent et où ils habitent. Utilisez le vocabulaire que vous avez appris dans cette leçon mais aussi dans les leçons précédentes.

Leçon 8 Voici ma famille.

This Is My Family.

OBJECTIFS DE LA LEÇON

Dans la leçon 8, vous allez apprendre à parler de la famille.

À la fin de cette leçon, vous saurez :

- parler des liens familiaux ;
- décrire votre famille ;
- donner des détails sur les membres de votre famille.

DIALOGUE

Écoutez la conversation de ces deux personnes tandis qu'elles regardent des photos de famille.

Femme : **Who's that? He's nice.**

Homme : **That's my brother. His name's Bob.**

Femme : **Really? What does your brother do?**

Homme : **He's an engineer. He works for Benson's.**

Femme : **Mmm. Is he married?**

Homme : **He's separated.**

Femme : **Separated, eh? Does he work here in London?**

Homme : **No, he works in Glasgow.**

Femme : **Oh...And who's that?**

Homme : **That's his friend, Tony. He works for Benson's too, but he works in the Cardiff office.**

Femme : **And the little girl? Who's she?**

Homme : **That's Tony's daughter. My brother Bob has a young son, but he and his mother are in France.**

1. AVEZ-VOUS BIEN COMPRIS ?

Qui sont les personnes présentes sur la photo aux côtés de Bob ?

Quel est leur lien avec Bob ?

Utilisez les mots et expressions suivants, qui vous guideront tout au long de la leçon.

VOCABULAIRE

any	du/de l'/de la/des	**husband**	mari
baby	bébé	**married**	marié, e
boy	garçon	**mother**	mère
boyfriend	petit ami	**parents**	parents
brother	frère	**partner**	compagnon/conjoint
child (*pl* **children**)	enfant	**separated**	séparé, e
daughter	fille	**single**	célibataire
divorced	divorcé, e	**sister**	sœur
engineer	ingénieur	**son**	fils
father	père	**too**	aussi
friend	ami, e	**Who?**	Qui ?
girl	fille	**widower, widow**	veuf, veuve
girlfriend	petite amie	**wife**	femme (*épouse*)
How old is/are...?	Quel âge a/ont... ?		

2. ÉCOUTEZ BIEN !

Écoutez à nouveau le dialogue concernant Bob et cochez (✔) les bonnes réponses.

1.	Bob's	a teacher. ☐	an engineer. ☐	unemployed. ☐
2.	He's	separated. ☐	single. ☐	divorced. ☐
3.	He works	in Glasgow. ☐	in London. ☐	in Cardiff. ☐
4.	Tony is Bob's	brother. ☐	son. ☐	friend. ☐
5.	Bob	has a son. ☐	has a daughter. ☐	doesn't have any children. ☐

3. UN PEU D'EXERCICES...

Formulez des questions en mettant les mots dans le bon ordre sans oublier de mettre une capitale en début de phrase. Puis, reliez les questions aux réponses correspondantes.

1. **your/does/work/husband?**

   Does your husband work ? (→ c)

2. **brothers'/your/what/names/are?**

3. **sister/children/does/have/your/any?**

4. **do/live/parents/where/your?**

5. **children/how/are/old/your?**

6. **does/what/wife/teach/his?**

a. **Ten and six.**

b. **German.**

c. **No, he doesn't.**

d. **Yes, she has two.**

e. **Bob and Tom.**

f. **In Manchester.**

GRAMMAIRE

Lorsqu'un mot au pluriel se termine par un -s, on marque la possession en ajoutant une apostrophe à la suite de celui-ci *(-s')*.

My brothers' names are Michael and James.
The girls' books are on the table.

4. ÉCOUTEZ BIEN !

Écoutez David et Jane parler de leur famille respective.
Complétez le tableau ci-dessous avec les informations entendues.

	David	Jane
number of children		
number of boys		
ages of boys		
number of girls		
ages of girls		

Jane : **So, do you have any children, David?**

David : **Yes, I have two sons.**

Jane : **And how old are they?**

David : **Steven is nine, and Paul is fourteen. How about you, Jane? Do you have any children?**

Jane : **Yes, I have five.**

David : **Five children! Are they boys or girls?**

Jane : **Two boys and three girls.**

David : **And how old are they?**

Jane : **The boys are three and seven, and the girls are five, nine, and thirteen.**

David : **Five children...**

GRAMMAIRE

Do you have a/any...?

Lorsqu'on pose une question à propos d'un objet ou d'une personne, on emploie *a* (ou *an*).

Do you have a car?
Do you have an umbrella?

Lorsqu'on pose une question à propos de plusieurs objets ou personnes, on utilise *any*.

Do they have any children?
Do you teach any Japanese students?

On emploie également *any* dans les phrases à la forme négative lorsque le nom est au pluriel.

I don't have any children.
The school doesn't have any computers.

Mais on emploie *a/an* avec un nom au singulier :

We don't have a car.

Les prépositions

In est utilisé pour désigner une localisation géographique (pays, ville ou lieu particulier).

Jane works in a bank.
Is the company in London?

For ou *at* précèdent le nom d'une entreprise ou d'un organisme particulier.

Do you teach at the university?
My wife is a nurse at City Hospital.
I work for a computer company in Liverpool.

5. À VOUS DE JOUER !

Quelles informations pouvez-vous fournir à propos de vous, d'un membre de votre famille ou d'un ami ? Écoutez l'exemple et lancez-vous en vous aidant des indications ci-dessous :

- nom
- âge
- métier
- employeur
- lieu de travail
- famille : frère ou sœur, enfants

6. UN PEU D'EXERCICES...

Complétez les phrases ci-dessous avec *a/an* ou *any*.

1. **Do you have ______ brother?**
2. **She doesn't have ______ children.**
3. **She will have ______ baby boy.**
4. **Do you have ______ daughters?**
5. **Do you have ______ married friends?**
6. **Does he have ______ girlfriend? Or is he single?**

7. À VOUS DE JOUER !

Expliquez dans quelle ville vous travaillez (ou étudiez) et où se trouve votre lieu de travail (ou votre établissement scolaire). Faites la même chose pour les membres de votre famille et vos amis.

Exemple : I work at a school in Cardiff. *ou* I work for Saint Mary's School in Cardiff.

8. UN PEU D'EXERCICES...

Complétez l'arbre généalogique ci-dessous avec les membres de votre famille proche et expliquez le lien de chacun par rapport à vous.

9. À VOUS DE JOUER !

Trouvez une photo de votre famille. Faites-en la description et donnez des informations sur chacun des membres.

10. UN PEU D'EXERCICES...

Lisez ci-dessous le texte que Lucy a écrit à propos de sa vie et de son travail. Faites de même à propos de vous.

My name is Lucy, and I am 28 years old. I have a boyfriend, and we plan to get married in a year or two. I have no children, and all of my family lives very far away. I have two sisters and a brother. My sisters are called Lizzy and Laura, and my brother is called Tim. My sisters and brother are younger than I am. I am English, but I work in New York. I am a nurse and work at a big hospital in Manhattan.

Testez-vous !

Testez ce que vous avez appris au cours de cette leçon et révisez ce qui ne vous semble pas encore acquis.

SAVEZ-VOUS... ?

- ☐ **décrire quel lien existe entre deux personnes**
  That's his friend, Tony.
  That's Tony's daughter.
- ☐ **parler de la composition de votre famille**
  I have two sons.
  I have five children.
- ☐ **donner des informations à propos des membres de votre famille**
  Bob's separated.
  My sister's husband's name is Tony.
- ☐ **utiliser *a/an* et *any***
  Do you have a car?
  Do they have any children?
- ☐ **employer *in* pour indiquer un lieu**
  Jane works in a bank.
  Is the company in London?
- ☐ **utiliser *for* ou *at* avant le nom d'une entreprise ou d'un organisme particulier**
  Do you teach at the university?
  I work for a computer company in Liverpool.

BERLITZ HOTSPOT

Rendez-vous sur www.fr.berlitzhotspot.com...

Réseaux sociaux

Parlez de votre famille à vos amis sur **Berlitz Hotspot**.

Podcast 8

Un mariage en anglais

Téléchargez ce podcast.

Activité Internet

Recherchez des photos de familles ou de groupes de personnes sur Internet et imaginez une histoire pour chacune des photos en décrivant les personnes que vous voyez. Utilisez le vocabulaire que vous avez appris jusqu'à maintenant et vérifiez que vous avez bien retenu les règles de grammaire.

Vidéo 5 – My Family

Deux amis parlent de leur famille. Combien de frères et sœurs l'homme a-t-il ? Qui est marié ? Regardez la vidéo et apprenez vous aussi à parler de votre famille.

Leçon 9 Où habitez-vous ?

Where Do You Live?

OBJECTIFS DE LA LEÇON

La leçon 9 traite de l'endroit où l'on vit.

À la fin de cette leçon, vous saurez :

- décrire l'endroit où vous vivez ;
- décrire l'aménagement d'une pièce.

DIALOGUE

Écoutez ces personnes expliquer où elles vivent.

1.

Interviewer : **Where do you live?**

Femme 1 : **We live in Manchester.**

Interviewer : **In a flat?**

Femme 1 : **Yes, we have a small flat.**

2.

Interviewer : **Excuse me. Where do you live?**

Femme 2 : **In London.**

Interviewer : **In the city?**

Femme 2 : **No, in the suburbs. I have a small house in Greenwich.**

3.

Interviewer : **And where do you live?**

Femme 3 : **In Scotland. In a little cottage.**

4.

Interviewer : **Where do you live?**

Femme 4 : **My husband and I live in Paris. We have an apartment in the suburbs.**

1. AVEZ-VOUS BIEN COMPRIS ?

A. **Quels sont les noms de villes et de pays que vous avez entendus ?**

B. **Quels différents types de logements étaient mentionnés ?**

Utilisez les mots et expressions suivants,
qui vous guideront tout au long de la leçon.

VOCABULAIRE

address	adresse	**single**	célibataire
age	âge	**married**	marié, e
Arabic	arabe	**divorced**	divorcé, e
bathroom	salle de bains	**widowed**	veuf, veuve
bed	lit	**separated**	séparé, e
bedroom	chambre	**more**	plus
carpet	tapis	**news**	nouvelles, informations
chair	fauteuil	**a piece of news**	une nouvelle, une information
Chinese	chinois, e	**not very well**	pas très bien
city	ville	**parquet**	parquet
cottage	*petite maison à la campagne*	**Polish**	polonais, e
desk	bureau *(meuble)*	**Portuguese**	portugais, e
dining room	salle à manger	**really** *(very)*	vraiment *(très)*
fireplace	cheminée	**rent**	loyer
flat (*Brit.*) ; **apartment** (*Am.*)	appartement	**Russian**	russe
floor	étage/sol	**sofa** (*Brit.*) ; **couch** (*Am.*)	canapé
furniture	mobilier, meubles *(attention : indénombrable)*	**to speak**	parler
garden	jardin	**still**	toujours
German	allemand, e	**suburbs**	banlieue
house	maison	**table**	table
Japanese	japonais, e	**TV/television**	téléviseur
kitchen	cuisine	**week**	semaine
to know	savoir/connaître	**what**	quoi/que
Korean	coréen, enne	**when**	quand
a little	un peu	**where**	où
to live	vivre/habiter	**which**	quel/quelle/lequel/laquelle
living room	salon	**who**	qui
marital status	état civil	**window**	fenêtre

2. ÉCOUTEZ BIEN !

Écoutez ces trois personnes expliquer où habitent les membres de leur famille. Complétez les phrases ci-dessous puis écoutez l'enregistrement à nouveau pour vérifier vos réponses.

1. **My parents** ________ **a small** ________ **in** ________ ________ .
2. **My daughter and her husband** ________ ________ ________ **beautiful** ________ ________ ________ **suburbs.**
3. **My** ________ **is in a large** ________ ________ **in the** ________ .

I live here, but my parents live in Dublin. They have a small flat in the city. The building is old, and it's small, but it's really nice.

My daughter's married, and she lives in London. She and her husband have a beautiful house in the suburbs. A beautiful big house. And they have a large garden, too.

I live in Paris. My flat's in a large new building in the suburbs. It's really nice.

3. UN PEU D'EXERCICES...

Voici une lettre que Steven Black a reçu de ses amis. Complétez-la en utilisant les mots ou phrases donnés dans le tableau ci-dessous.

new house	new baby	live in	study	are you
the suburbs	How about	large garden	work for	children

3645 Oakhill Drive | Oxford, OX2 4DZ | Tél : 01865 035375

Hi, how __________ ? We're fine. Did you see – we have a __________ ! It's not very big, but it's in __________ , and it has a __________ . And we have some more news – we have a __________ ! Her name's Marie, and she's ten weeks old, she's beautiful. So now we have three __________ .

__________ you? Do you still __________ that engineering company? Do you still have that nice girlfriend? Does your mother still __________ Rio? Do you still __________ Portuguese? Call us, please!

Bye,

Angie and Ted

GRAMMAIRE

Good ou *well* ?

Good est un adjectif (il sert à décrire un nom).
Well est un adverbe (il sert à décrire un verbe).

He speaks good Chinese.	He speaks Chinese well.
Your Polish is good.	You speak it well.
She's a good teacher.	She teaches well.

Les pronoms personnels objets

Les pronoms personnels objets servent à remplacer un nom déjà utilisé auparavant dans l'énoncé pour éviter une répétition.

He speaks Spanish and Italian, and he speaks them very well.
Where do you teach English? I teach it at the university.
Do you know Susan? Yes, but I don't know her very well.

Sujet	Pronom personnel objet
I	me
you	you
he	him
she	her
it	it
we	us
you	you
they	them

4. UN PEU D'EXERCICES...

Répondez aux questions suivantes en utilisant les mots entre parenthèses.

1. **Do you know Amy? (yes)**

   Yes, I know her.

2. **Where do you teach Arabic? (secondary school)**

3. **Do you have the green bag? (no)**

4. **Do you know Phil and Ted? (yes)**

5. **Do your parents still have a flat in Paris? (yes)**

6. **Do you want the TV on or off? (off)**

7. **Where should we put our bags? (living room)**

8. **Do you speak Korean? (yes, well)**

5. LISEZ ATTENTIVEMENT !

Deux amies qui ne se sont pas vues depuis longtemps échangent des e-mails. Lisez leur conversation et entourez les informations faisant référence aux endroits où Jane vit et travaille.

SEND DELETE

To:

From:

Subject:

Dear Jane,

I am so happy that I saw your mother the other day. She gave me your new e-mail address! How are you doing? I haven't seen you in such a long time. Where do you live? What do you do? I have so many questions!

Natalie

>Jane's Reply:

Dear Natalie,

I am so happy to hear from you after all these years! How are you? I am doing well. I live in London now and I work for a newspaper. I love being in the city and there is so much to do. The rent here is expensive, so I live in a small flat that I share with a friend. We have two bedrooms, a bathroom, a living room, a kitchen and a small area where we have the table. I don't think I'd call it a dining room! But, I like it.

I remember you were learning Japanese. Well, in my spare time I have been giving English lessons to Japanese speakers. I don't speak Japanese very well yet, but their English is getting pretty good!

I have lots of questions for you, too! What have you been doing lately?

PRONONCIATION

L'intonation dans les phrases interrogatives

Les questions fermées (auxquelles on ne peut répondre que par oui ou non) ont habituellement une intonation ascendante. Les questions qui commencent par des mots interrogatifs comme *where*, *what* ou *how* (également appelés *question words*) ont généralement une intonation descendante.

↗ Do you live in a house?

↘ Where do you live?

6. UN PEU D'EXERCICES...

Imaginez que vous avez reçu un message d'un(e) ami(e) que vous n'avez pu vu(e) depuis longtemps. Saluez votre ami(e) puis racontez-lui où vous vivez et ce que vous faites dans la vie.

SEND DELETE

To:

From:

Subject:

7. ÉCOUTEZ BIEN !

Écoutez les questions suivantes. Remarquez la manière dont les personnes adoptent une intonation ascendante pour les questions fermées et une intonation descendante pour les questions qui commencent par un *question word* (par exemple *where*, *what*, *how*...).

Intonation ascendante

1. **Is she married?**
2. **Does she speak French?**
3. **Do they live in London?**

Intonation descendante

4. **Where does she live?**
5. **How old is your brother?**
6. **What do you do?**

8. À VOUS DE JOUER !

Lisez à voix haute les questions ci-dessous en adoptant la bonne intonation. Présentent-elles une intonation ascendante ou descendante ? Écoutez ensuite l'enregistrement pour vérifier vos réponses.

1. **Where does she live?**
2. **Does she teach Spanish?**
3. **How old is he?**
4. **Does your son work in New York?**
5. **Are you American?**
6. **What does he do?**

9. À VOUS DE JOUER !

Lisez les questions à voix haute. Puis répondez-y en donnant des détails sur vous. Essayez d'utiliser le vocabulaire et les points de grammaire appris jusqu'à maintenant. Pour vous aider, rédigez vos réponses par écrit.

1. **Where do you live?**
2. **Do you live in a house or a flat?**
3. **Is it big or small?**
4. **How many bedrooms does it have?**
5. **Whom do you live with?**
6. **What furniture do you have in your living room?**
7. **Where do you work/study?**
8. **What do you do?**
9. **Which languages do you speak?**
10. **Do you speak them well?**

Testez-vous !

Testez ce que vous avez appris au cours de cette leçon et révisez ce qui ne vous semble pas encore acquis.

SAVEZ-VOUS... ?

- **dire où vous vivez**
  We live in Manchester.
  We live in London.
- **décrire le type d'habitation dans lequel vous vivez**
  We have a small flat.
  We have a large house in the suburbs.
- **décrire les pièces de votre maison ou de votre appartement**
  My flat has two bedrooms.
  It has a small kitchen and a living room.
- **décrire l'aménagement de votre maison**
  We have a sofa, a small table and two chairs.
  My flat has a fireplace.
- **employer *good* et *well* correctement**
  He speaks German well.
  He speaks good German.
  Your English is good.
  You speak it well.
- **utiliser les pronoms personnels objets**
  He speaks Spanish and Italian, and he speaks *them* very well.
  Do you know Susan? Yes, but I don't know *her* very well.
- **employer la bonne intonation pour poser une question**
  Question fermée (*yes/no*) : intonation ascendante
  Question ouverte (commençant par un *question word*) : intonation descendante

Pour aller plus loin

Lisez les offres d'emploi sur le site Internet d'un journal anglophone pour relever le nombre de métiers que vous connaissez déjà. Pour ceux que vous ne connaissez pas, aidez-vous par exemple du nom de l'entreprise. Devinez ce que les intitulés veulent dire, puis vérifiez dans votre dictionnaire.

BERLITZ HOTSPOT

Rendez-vous sur www.fr.berlitzhotspot.com...

Réseaux sociaux

Où habitez-vous ? Dans une maison ? Dans un appartement ? S'agit-il du type de logement que l'on trouve habituellement dans votre région ? Racontez tout cela à vos amis sur **Berlitz Hotspot**.

Podcast 9

Les différents types d'habitation

Téléchargez ce podcast.

Activité Internet

Allez sur **Berlitz Hotspot** pour trouver une liste de sites Internet d'agences immobilières. Faites quelques recherches pour trouver des logements disponibles. Grâce aux images, décrivez les logements que vous trouvez et l'aménagement des pièces.

Test 1 Révision des leçons 1 à 9

1. Recherchez l'intrus dans chacun des groupes de mots suivants.

1.	**Japanese**	**Spanish**	**England**	**French**	**Italian**
2.	**seven**	**ninth**	**eight**	**three**	**two**
3.	**iced tea**	**lemon**	**coffee**	**juice**	**cola**
4.	**interesting**	**expensive**	**beautiful**	**only**	**bad**
5.	**postcard**	**camera**	**those**	**book**	**map**
6.	**hot dog**	**hamburger**	**water**	**omelette**	**pastry**

2. Parmi les réponses aux questions ci-dessous, indiquez celle qui vous semble la plus plausible.

1. **What time is it in Tokyo?**
   a. **Wednesday.** b. **It's morning.** c. **Four o'clock.**
2. **How are you?**
   a. **Sorry.** b. **Fine.** c. **Hello.**
3. **Is your car Japanese?**
   a. **Yes, it is.** b. **Yes, I have.** c. **No, they aren't.**
4. **What would you like?**
   a. **Oh, good.** b. **No, thanks.** c. **A hamburger, please.**
5. **Do you have any postcards?**
   a. **Yes, we do.** b. **Yes, they do.** c. **No, he doesn't.**
6. **Are we late?**
   a. **No, I'm not.** b. **Yes, we are.** c. **You're welcome.**

3. Reconstituez un dialogue en remettant les phrases dans le bon ordre. La première phrase vous est donnée.

1. **£200? Oh, that's very expensive! Do you have any cheap cameras?**
2. **Can I help you?**
3. **That's pretty good. I'll take it.**
4. **That camera? It's £200.**
5. **Yes, please. How much is that digital camera?**
6. **You're welcome.**
7. **...and your receipt.**
8. **Let me see...yes. This camera is £70.**
9. **Here you are. Your camera...**
10. **Thank you.**

Sales assistant: Can I help you?

4. Remettez les mots dans le bon ordre pour former des phrases.

1. **in / time / is / what / it / Rome?**

2. **does / green / cost / what / the / salad?**

3. **newspapers / are / China / those / from?**

4. **have / tea / I'll / some.**

5. **any / soda / do / have / you?**

6. **something / would / to / you / drink / like?**

5. Complétez les cases avec le mot qui convient.

1. **The men are French and the** [ ] **is Japanese.**
   (woman/women)

2. **Do you have any inexpensive** [ ] **?**
   (cameras/camera)

3. **How much are** [ ] **maps?**
   (this/these)

4. [ ] **to meet you.**
   (Pleased/Please)

5. **What** [ ] **the soda cost?**
   (do/does)

6. **It's nine o'clock** [ ] **night in Madrid.**
   (in/at)

6. Rédigez les questions correspondant à chacune des réponses ci-dessous.

1. ______

I'll have ginger ale, please.

2. ______

Oh, I'd like white wine, please.

3. ______

This is onion dip. Would you like some?

4. ______

Milk, please. No sugar.

5. ______

I'll have some crisps and dip. I don't like cheese and crackers.

6. ______

I'll have some of that cheese, please.

7. ______

Sure, I'll have some salad. Thanks.

8. ______

That's bean dip. How about some with crisps?

7. Donnez une réponse brève à chacune des questions suivantes.

1. **Are you a student?** (yes)
2. **Is your car German?** (no)
3. **Are Judy and Jane from Boston?** (yes)
4. **Is Philip late?** (yes)
5. **Are you and Joe Canadian?** (no)
6. **Am I early?** (no)

8. En utilisant les mots ci-dessous, rédigez des phrases exprimant l'idée de possession.

1. **Bill/cameras**
2. **my/friends**
3. **Sue Fisher/team**
4. **Joe/telephone number**
5. **that woman/onion dip**
6. **Judy/car**

9. Recherchez l'intrus dans chacun des groupes de mots suivants.

1.	**six**	**eleven**	**five**	**second**	**twelve**
2.	**engineer**	**woman**	**teacher**	**waiter**	**actor**
3.	**suburbs**	**school**	**hotel**	**bank**	**shop**
4.	**easy**	**engineer**	**small**	**married**	**new**
5.	**daughter**	**brother**	**friend**	**sister**	**son**
6.	**coffee shop**	**chemist's**	**floor**	**post office**	**supermarket**

10. Pour chacune des personnes suivantes, rédigez une phrase indiquant l'endroit où elle travaille en fonction de la profession qu'elle exerce.

1.	**secretary**	**A secretary works in an office.**
2.	**doctor**	
3.	**waiter**	
4.	**teacher**	
5.	**shop assistant**	
6.	**nurse**	
7.	**journalist**	
8.	**actor**	

11. Remettez les mots dans le bon ordre pour formuler des questions puis donnez une réponse brève pour chacune d'entre elles.

1. **have / brothers / any / do / sisters / you / or?**

2. **teach / the / your / university / does / at / husband?**

3. **have / postcards / do / any / you?**

4. **at / is / your / nurse / City Hospital / wife / a?**

5. **small / live / a / they / city / in / in / flat / the / do?**

6. **work / you / where / do?**

12. Rédigez les questions correspondant à chacune des réponses ci-dessous.

1. **She lives in San Francisco.**

2. **She's 37 years old.**

3. **Her husband's name's Steve.**

4. **She has three children.**

5. **They're nine, seven, and five.**

6. **Paul works for a computer company.**

Leçon 10 La ville

The City

OBJECTIFS DE LA LEÇON

Dans la leçon 10, vous allez apprendre à demander votre route.

À la fin de cette leçon, vous saurez :

- attirer l'attention de quelqu'un ;
- demander et donner des indications pour s'orienter ;
- utiliser les nombres ordinaux.

DIALOGUE

Écoutez cette femme demander son chemin.

Femme : Excuse me.

Homme 1 : Yeah?

Femme : Is there a post office near here?

Homme 1 : Sorry, I don't know. I don't live here.

Femme : Oh, I see. Sorry... Excuse me.

Homme 2 : Yes, can I help you?

Femme : Yes, please. Is there a post office near here?

Homme 2 : Yes, there is. There's one next to the Grand Hotel.

Femme : Sorry?

Homme 2 : Do you see that Italian restaurant over there?

Femme : What restaurant?

Homme 2 : Next to the travel agency. Do you see that?

Femme : Oh, on the corner?

Homme 2 : Yes, on the corner. Well, the Grand Hotel is just around the corner, and there's a post office next to it.

Femme : Thank you. Thank you very much.

Homme 2 : You're welcome.

Utilisez les mots et expressions suivants,
qui vous guideront tout au long de la leçon.

VOCABULAIRE

bank	banque	**near**	près
block *(Am.)*	pâté de maisons	**next (to)**	à côté (de)
block of flats *(Brit.)* **; apartment building** *(Am.)*	immeuble d'habitation	**across, opposite** *(Brit.)* **; across from** *(Am.)*	en face (de)/face à
bus stop	arrêt de bus	**over there**	là-bas
car park *(Brit.)* **; parking lot** *(Am.)*	parking	**park**	parc
chemist *(Brit)* **; druggist** *(Am.)*	pharmacien, enne	**petrol station** *(Brit.)* **; gas station** *(Am.)*	station essence
chemist's *(Brit.)* **; drugstore** *(Am.)*	pharmacie	**post box** *(Brit.)* **; mailbox** *(Am.)*	boîte aux lettres
clothes	vêtements	**post office**	bureau de poste
coffee shop	café *(établissement)*	**pub**	bar/pub
computer shop *(Brit.)* **; computer store** *(Am.)*	magasin informatique	**record**	disque
corner	coin	**restaurant**	restaurant
to head for	se diriger vers	**right**	droite
here	ici	**school**	école
hotel	hôtel	**shoes**	chaussures
in front of	devant, en face de	**shop** *(Brit.)* **; store** *(Am.)*	magasin
just around the corner	juste au coin *(de la rue)*	**supermarket**	supermarché
left	gauche	**telephone/phone**	téléphone
manager	directeur	**theatre** *(Brit.)* **; theater** *(Am.)*	théâtre
		travel agency	agence de voyages

1. AVEZ-VOUS BIEN COMPRIS ?

A. Où cette femme souhaite-t-elle aller ?

B. Quel itinéraire doit-elle emprunter pour s'y rendre ?

2. ÉCOUTEZ BIEN !

Écoutez ces personnes demander comment se rendre à certains endroits de la ville. Numérotez les bâtiments sur le plan dans l'ordre dans lequel ils ont été cités.

1.

Femme 1 : **Can I help you?**

Homme 1 : **Thanks. Is there a bank near here?**

Femme 1 : **Yes, there's one on the next block. It's next to a French restaurant.**

Homme 1 : **Thanks.**

Homme 2 : **Excuse me, is there a petrol station near here?**

Femme 2 : **Umm, let me see. Do you see that big white building over there?**

Homme 2 : **Yes.**

Femme 2 : **Well, that's a supermarket, and there's a petrol station opposite it, on the corner.**

Homme 2 : **Thank you.**

Femme 2 : **That's OK.**

Homme 1 : **Excuse me.**

Femme 1 : **Sure. Can I help you?**

Homme 1 : **Yes, please. Is there a chemist near here?**

Femme 1 : **Uh, yes. There's one on the next block next to the theatre. Do you see the Palace Theatre?**

Homme 1 : **Yes, I see it.**

Femme 1 : **Well, there's a chemist right next to it.**

Homme 1 : **Thanks.**

Femme 1 : **You're welcome.**

3. UN PEU D'EXERCICES...

Observez le plan à nouveau et complétez la conversation. Puis réécoutez le troisième dialogue de l'exercice 2 pour vérifier vos réponses.

Homme : **Excuse me.**

Femme : **Sure, can I help you?**

Homme : **Yes, please.** ________ ________ **a chemist near here?**

Femme : **Uh, yes,** ________ **one on the** ________ **block,** ________ ________ **the theatre. Do you see the Palace Theatre?**

Homme : **Yes, I see it.**

Femme : **Well,** ________ **a chemist right** ________ ________ **it.**

Homme : **Thanks.**

Femme : **You're welcome.**

4. À VOUS DE JOUER !

Toujours à partir du plan de l'exercice 2, formez des phrases en utilisant les expressions ci-dessous.

Exemple : The bank is on the left of the restaurant.

1. **opposite**
2. **next to**
3. **on the left**
4. **near**
5. **on the right**
6. **in front of**
7. **on the corner**

Les nombres ordinaux

GRAMMAIRE

Les nombres ordinaux (premier, deuxième, troisième...) donnent le rang ou la position d'un objet dans une série.

1st – first	3rd – third	5th – fifth	7th – seventh	9th – ninth
2nd – second	4th – fourth	6th – sixth	8th – eighth	10th – tenth

5. À VOUS DE JOUER !

Observez ces deux images. La première représente une rue telle qu'elle était il y a trente ans et la seconde la montre telle qu'elle est maintenant (*now*). Expliquez ce qui a changé.

Exemple : (computer shop (*Brit.*) theatre (*Brit.*))
There's a computer shop next to the theatre now.

1. **(bus stop, department store)**
2. **(supermarket, department store)**
3. **(some flats, school)**
4. **(car park, hotel)**

6. UN PEU D'EXERCICES...

Regardez à nouveau les deux illustrations de l'exercice précédent. Énumérez les bâtiments actuels en partant de la gauche. Utilisez les nombres ordinaux.

Exemple :

The first building is...

GRAMMAIRE

There is/There are

On emploie *there is* avec un nom au singulier et *there are* avec un nom au pluriel. Les deux ont la même signification : « il y a ». *There is* peut s'écrire sous la forme contractée : *there's.*

There's a bank on that corner.
There are some good hotels in Oxford.

Pour former une question, on inverse les deux mots : *Is there...?* et *Are there...?*

Excuse me, is there a phone in the hotel?
Are there any good restaurants near here?

Les prépositions de lieu

Pour préciser où se trouve un endroit, on emploie *in* et *on*.

Her university's in London.
There's a bank on the next block.
It's not on the left; it's on the right.
The children's clothes are on the third floor.
I live in Church Street.
My flat is on 45th Street.
There's a post box on the corner.

Les emplois de *One* et *Some*

On utilise *one* ou *some* pour éviter de répéter un mot.

Is there a bus stop near here? Yes, there's one (= bus stop) over there.

There's a petrol (*Brit.*) station here, and there's one (= petrol station) over there, too.

There aren't any phones in the station, but there are some (= phones) in the hotel.

LE SAVIEZ-VOUS ?

Dans les pays anglophones, comme en France, on considère que le chiffre 13 porte malheur. C'est la raison pour laquelle dans de nombreux immeubles, comme les hôtels, on saute le 13e étage, passant ainsi directement du 12e au 14e étage.

7. UN PEU D'EXERCICES...

Dessinez un plan de votre quartier. Y a-t-il des restaurants ? Des banques ? Une école ? Un arrêt de bus ?
Une fois votre schéma terminé, décrivez les différents lieux en employant *there is/ there are*.

A map of my area

Exemple :

The first building in my street is a block of flats. Next to the block of flats there is a bank and then a restaurant. Then there are two more blocks of flats. Across the street, there is a small hotel, a petrol station and a bus stop...

Testez-vous !

Testez ce que vous avez appris au cours de cette leçon et révisez ce qui ne vous semble pas encore acquis.

SAVEZ-VOUS... ?

- [ ] **attirer l'attention de quelqu'un**
  Excuse me.
- [ ] **demander à quelqu'un où se trouve un endroit**
  Is there a post office near here?
  Is there a bank in the area?
- [ ] **dire où un endroit se situe par rapport à un autre**
  The restaurant is next to the travel agency.
  The Grand Hotel is just around the corner, and there's a post office next to it.
- [ ] **utiliser les nombres ordinaux**
  The second building is a computer shop.
  The third building is a department store.
- [ ] **employer *there is/there are***
  There's a bank on that corner.
  There are some good hotels in Oxford.
- [ ] **utiliser *in* et *on* pour décrire un endroit**
  Her university's in London.
  There's a bank on the next block.
- [ ] **employer *one* et *some***
  Is there a bus stop near here?
  Yes, there's one over there.
  There's a petrol station here, and there's one over there, too.

BERLITZ HOTSPOT

Rendez-vous sur www.fr.berlitzhotspot.com...

Réseaux sociaux

Allez sur **Berlitz Hotspot** et racontez comment est votre ville. Est-ce une petite ville ? Une grande ville ? Proche de tout ou isolée ? Comment vous y déplacez-vous ?

Podcast 10

Excusez-moi !

Téléchargez ce podcast.

Activité Internet

Vous voulez vous entraîner à décrire plus de lieux ? Allez sur **Berlitz Hotspot** pour trouver une carte de Los Angeles. Décrivez les endroits en les situant les uns par rapport aux autres.

Vidéo 6 – **Asking for Directions**

Une femme s'est perdue. Comment attire-t'elle l'attention de quelqu'un pour lui demander son chemin ? Où se trouve le bureau de poste ? Regardez la vidéo pour apprendre à demander votre chemin.

Leçon 11 Prenez la deuxième à gauche.

Take the Second Left.

OBJECTIFS DE LA LEÇON

Dans la leçon 11, vous allez apprendre à vous déplacer en ville.

À la fin de cette leçon, vous saurez :

- demander votre chemin et comprendre les indications ;
- expliquer un itinéraire.

DIALOGUE

Écoutez ces personnes demander leur route.

1.

Homme 1 : **Excuse me, how do I get to the ABC Theatre?**

Femme 1 : **The ABC? OK, do you see those traffic lights? Turn left there, and then take the second right. The theatre's about two blocks down, on your right.**

Homme 1 : **Thanks.**

Femme 1 : **You're welcome.**

2.

Femme 2 : **Excuse me, how do I get to Paddington Station from here? I'm lost!**

Homme 2 : **It's OK, you're almost there! Take the first right, there... let me see... no, go straight ahead and take the fourth turning on your right. Then take the first left and carry straight on. You'll see the station on your left.**

Femme 2 : **Thanks a lot.**

1. AVEZ-VOUS BIEN COMPRIS ?

A. **Où ces deux personnes veulent-elles se rendre ?**

B. **Ces endroits sont-ils proches ou éloignés de l'endroit où ils se trouvent ?**

Utilisez les mots et expressions suivants, qui vous guideront tout au long de la leçon.

VOCABULAIRE

about	environ/à propos de
about two blocks (*Am.*) **down**	environ à deux pâtés de maison
bridge	pont
bus station	arrêt de bus
Can you tell me how to get to...?	Pouvez-vous m'indiquer comment aller à... ?
cinema (*Brit.*) ; **movie theater** (*Am.*)	cinéma
down (*to go down*)	en bas *(descendre la rue)*
to get (to)	arriver (à)
to go	aller
hill	colline/pente
How do I get to...?	Comment faire pour se rendre à... ?
lost	perdu, e
over (*to go over*)	au dessus de *(passer par-dessus)*
past (*to go past*)	après *(dépasser)*
road	route
station	gare
to stop	(s')arrêter
straight ahead	tout droit
street	rue
to take	prendre
to tell	dire, raconter
then	puis
through (*to go through*)	à travers *(franchir)*
traffic light	feux de signalisation
to turn	tourner
under	sous
up (*to go up*)	en haut *(monter)*

GRAMMAIRE

L'orthographe

Dans certains cas, l'orthographe diffère entre l'anglais britannique (*Brit.*) et l'anglais américain (*Am.*). Par exemple, le mot « couleur » s'écrit *colour* en anglais britannique, et *color* en anglais américain (d'autres exemples fonctionnent de manière similaire : *theatre/theater, favourite/favorite, neighbour/neighbor*). Pour certaines de ces irrégularités, vous n'avez pas d'autre choix que de les apprendre – par exemple, le nom *practice* est le même dans les deux langues, mais le verbe s'écrit *to practise* en anglais britannique et *to practice* en anglais américain.

L'orthographe des verbes conjugués peut également varier. Par exemple, le passé simple de *to travel*, voyager, est *travelled* en anglais britannique, mais *traveled* en anglais américain.

Les mots comme *to recognize* s'écrivent avec un *z* en anglais américain, mais aussi bien avec un *z* qu'avec un *s* en anglais britannique (*recognize/recognise*).

2. ÉCOUTEZ BIEN !

Écoutez ces trois personnes indiquer la route pour trois endroits différents. Trouvez-les sur le plan et numérotez-les de 1 à 3.

1.

Homme 1 : **The bus station? Sure. See the black building on the right? Turn right just there, and then take the... one, two, three... take the third left. There's a hotel on the corner. Go straight ahead, and the bus station is on the left. It's across from a small park.**

2.

Femme : **Sure, there's a post office near here. Do you see the movie theater over there? Go straight ahead, past the supermarket. There's a post office next to the Grand Hotel.**

3.

Homme 2 : **Yes, I know Forest Road. My friend lives there. Well, go straight ahead for three blocks, then turn left at the lights. Go straight ahead, and take the second right. There's a school on the corner on the left. But turn right there. Then take the first right, and that's Forest Road. Is that OK?**

3. UN PEU D'EXERCICES...

Complétez les cases en vous aidant du plan de l'exercice précédent. Puis écoutez à nouveau les indications du troisième dialogue de l'exercice 2 pour vérifier vos réponses.

Yes, I know Forest Road. My friend lives there. Well, go __________ __________ for three __________, then __________ __________ at the lights. Go straight ahead, and take the __________ __________. There's a school on __________ __________ on the left. But __________ right there. Then take __________ __________ __________, and that's Forest Road. Is that OK?

4. UN PEU D'EXERCICES...

Expliquez comment se rendre aux endroits ci-dessous. Partez de la flèche située en bas à droite du plan de l'exercice 2.

1. **supermarket** __________ __________

2. **post office** __________ __________

3. **gas station** __________ __________

4. **bus station** __________ __________

5. ÉCOUTEZ BIEN !

Une famille en voiture essaie de trouver sa route. Écoutez la conversation et complétez les phrases. Mettez ensuite ces phrases dans le bon ordre.

	Go	up	**the hill.**		**Go**		**a park.**
	Go		**the post office.**		**Go**		**a school.**
1	**Go**		**the bridge.**				

Femme : **Now let me see. Where are we? Ah yes. Turn left there.**

Homme : **Here?**

Femme : **No, don't turn left here! There, at the lights. Turn left at the lights.**

Homme : **Sorry, dear.**

Femme : **Now go straight ahead for a few blocks. Where's the bridge? Is there a bridge? Ah yes, there it is. Go over the bridge and past a school. Where's the school?**

Fils : **There! There's the school. On the right.**

Femme : **Thank you, David. I see the school. Please be quiet.**

Fils : **Sorry!**

Homme : **What do I do next? Do I go straight ahead up the hill?**

Femme : **Just a moment. Yes, that's right. Up the hill. Then take the second right. No, don't turn right here! The second right!**

Homme : **The second right at the lights?**

Femme : **Yes, and then we go through the park, turn right, go past the post office, and then there's the...oh where's the hotel? Where are we?**

Fils : **We're lost!**

Indiquer la route

GRAMMAIRE

Lorsqu'on indique la route à quelqu'un, il n'est pas nécessaire de dire *you* avant le verbe car on utilise l'impératif.

Go straight ahead until you see the church.

Do you see that hotel? Turn left there.

Take the second street on the right.

Pour dire à quelqu'un de ne pas faire quelque chose (impératif à la forme négative), on ajoute *don't* avant le verbe.

Don't go through the park.

The traffic light is green—don't stop!

6. UN PEU D'EXERCICES...

Mettez les indications suivantes à la forme négative.

1. **Walk to the traffic light and turn right.**

2. **Go through the park and turn left.**

3. **Go straight ahead as far as the school.**

4. **Go past the post office.**

5. **Turn right then go straight ahead for about two minutes.**

7. UN PEU DE DÉTENTE...

Dessinez le plan d'une petite ville. N'oubliez pas de dessiner une école *(a school)*, une station service *(petrol station (Brit.), gas station (Am.))*, un grand magasin *(a department store)*, un restaurant *(a restaurant)*, un immeuble d'habitation *(a block of flats (Brit.), an apartment building (Am.))*, des maisons *(houses)*, un parc *(a park)*, une banque *(a bank)*, un café *(a coffee shop)*, des arrêts de bus *(bus stops)*, un pont *(a bridge)*, des feux de signalisation *(traffic lights)*, etc. Inscrivez le mot en anglais à côté de chaque élément.

8. UN PEU D'EXERCICES...

Donnez les indications nécessaires pour se rendre d'un lieu à un autre sur le plan. Donnez également des indications à la forme négative. Préparez vos réponses en écrivant quelques expressions et les mots importants.

Exemple :

To get to the restaurant from the bridge, don't turn left at the bank.
It's faster to cross through the park.

Testez-vous !

Testez ce que vous avez appris au cours de cette leçon et révisez ce qui ne vous semble pas encore acquis.

SAVEZ-VOUS... ?

- [ ] **demander votre chemin**

Excuse me, how do I get to the ABC Theatre?

Excuse me, how do I get to Paddington Station from here?

- [ ] **comprendre des indications d'itinéraire**

The ABC? OK, do you see those traffic lights? Turn left there, and then take the second right. The theatre's about two blocks down on your right.

Go straight ahead and take the fourth turning on your right. Then take the first left and carry straight on. You'll see the station on your left.

- [ ] **donner des indications d'itinéraire**

Go straight ahead until you see the church.

Do you see that hotel? Turn left there.

- [ ] **dire à quelqu'un de ne pas faire quelque chose**

Don't go through the park.

The traffic light is green – don't stop!

BERLITZ HOTSPOT

Rendez-vous sur www.fr.berlitzhotspot.com...

Réseaux sociaux

Partagez les bons plans de votre région avec vos amis sur **Berlitz Hotspot**. Que ne faut-il surtout pas manquer dans votre ville ? Expliquez comment s'y rendre.

Podcast 11

Comprendre les indications pour trouver son chemin

Téléchargez ce podcast.

Activité Internet

Vous voulez en savoir plus sur les grandes villes de Grande-Bretagne et des États-Unis ? Utilisez votre moteur de recherche pour découvrir le site Internet d'une ville que vous aimeriez visiter. Choisissez quelques sites touristiques et regardez un plan de la ville. Expliquez comment vous rendre de l'un à l'autre.

Leçon 12 Vous fermez à quelle heure ?

What Time Do You Close?

OBJECTIFS DE LA LEÇON

Dans la leçon 12, vous allez apprendre à parler des horaires.

À la fin de cette leçon, vous saurez :

- demander les horaires d'ouverture et de fermeture ;
- discuter à propos des horaires et des jours d'ouverture.

DIALOGUE

Écoutez ces personnes se renseigner sur les horaires d'ouverture de plusieurs endroits.

Taylor Sports Shop. Can I help you?

Yes, please. Are you open tomorrow?

No, I'm sorry, madam. It's Sunday tomorrow, so we're closed. We're closed on Sunday and Monday.

And Monday? Oh, I see. Thank you.

Excuse me, what days are you closed?

The pool is open every day, but on Wednesdays and Thursdays it's closed in the evenings.

Thanks.

Are the post offices open on the weekends (*Am.*) [at weekends (*Brit.*)]?

No, they're closed on Saturday afternoons and Sundays.

Oh, dear.

Leçon 12 — Vous fermez à quelle heure ?

Utilisez les mots et expressions suivants,
qui vous guideront tout au long de la leçon.

VOCABULAIRE

at 8 a.m. on the dot	à 8 h pile	**to place**	placer
to close	fermer	**pool**	piscine
closed	fermé, e	**quarter (of an hour)**	quart (d'heure)
every day	chaque jour	**question**	question
flea market	marché aux puces	**tomorrow**	demain
hour(s)	heure(s)	**tour**	visite/circuit
midnight	minuit	**until**	jusqu'à
money	argent	**week**	semaine
open	ouvert, e	**weekend**	week-end
to open	ouvrir	**zoo**	zoo
place	endroit		

JOURS DE LA SEMAINE

Monday	lundi	**Friday**	vendredi
Tuesday	mardi	**Saturday**	samedi
Wednesday	mercredi	**Sunday**	dimanche
Thursday	jeudi		

1. AVEZ-VOUS BIEN COMPRIS ?

A. Quels sont les endroits mentionnés ?

B. Quand sont-ils fermés ?

2. ÉCOUTEZ BIEN !

Écoutez trois personnes se renseigner sur les horaires d'ouverture de différents endroits. Numérotez-les en fonction de l'ordre dans lequel ils sont mentionnés.

Observez bien les images et dites quels sont les horaires d'ouverture et de fermeture de chacun de ces endroits, en utilisant l'expression « ...is open from... to... ».

1.

Homme 1 : **Excuse me. What are your hours, please?**

Femme 1 : **We're open from six-thirty to eleven forty-five.**

Homme 1 : **Eleven forty-five. Thank you.**

Femme 1 : **You're welcome.**

2.

Homme 2 : **Can I help you?**

Femme 2 : **Yes. What tlme do you close today, please?**

Homme 2 : **At six-fifteen. We're open until six-fifteen.**

Femme 2 : **Thanks.**

3.

Homme 3 : **Hello, hello.**

Femme 3 : **I'm sorry. We're closed.**

Homme 3 : **Yes, I know. But what time do you open this evening, please?**

Femme 3 : **We open at eight-twenty. Eight-twenty until two a.m.**

Homme 3 : **Right. Thanks.**

3. ÉCOUTEZ BIEN !

Écoutez cette femme se renseigner sur les horaires d'ouverture de plusieurs sites touristiques. Complétez le tableau ci-dessous avec les informations que vous avez entendues.

Lieu	Jours d'ouverture (*Mon., Tues., Wed., Thurs., Fri., Sat., Sun.*)	Horaires d'ouverture
Flea Market		from to
Empire State Building		from to
Bronx Zoo Tour		from to
Beautiful Bronx Bus Tour		from to

Homme : **Good afternoon, madam. Can I help you?**

Femme : **Yes, please. I have some questions about the hours of these places.**

Homme : **OK. Go ahead.**

Femme : **Uh, first the flea market...**

Homme : **The flea market is only open on Sundays.**

Femme : **Oh, I see. From what time?**

Homme : **From ten a.m. to five-thirty.**

Femme : **Five-thirty. OK. And the Empire State Building? Is it open every day?**

Homme : **Yes, it is. It's open from nine-thirty until twelve o'clock midnight every day.**

Femme : **Now, the Bus tour. The Bronx Zoo tour—what day is that?**

Homme : **The Zoo tour is only on Saturdays, from nine a.m. to four p.m.**

Femme : **Only on Saturday? That's no good. What's this? The beautiful Bronx Bus tour. What day is that?**

Homme : **The beautiful Bronx tour is on Tuesdays, Wednesdays and Thursdays from 8 a.m. to 1 o'clock.**

Femme : **Eight to one Tuesdays, Wednesdays and Thursdays. That's good! How much is it?**

Homme : **It's twenty-five dollars per person.**

Femme : **OK. Thanks.**

4. UN PEU D'EXERCICES...

À l'aide du tableau de l'exercice 3, trouvez les questions qui correspondent aux réponses données.

1.

Yes, it is. It's open every day.

2.

No, it's only open on Sundays.

3.

At 10:00 a.m.

4.

Only on Saturdays.

5.

$25.00.

Les prépositions de temps

GRAMMAIRE

On emploie *at* lorsqu'on évoque une action qui a lieu à un moment précis.

The shop opens at 9:15.
I'm sorry, but this restaurant closes at midnight.

Le duo *from* et *to* indique une période de temps.

The market is open from 8:00 a.m. to 6:00 p.m.
We're open from Monday to Friday.

On utilise *on* pour les jours de la semaine.

We're open on Saturdays, but we're closed on Sundays.

Vous remarquerez que dans ce dernier exemple, les jours de la semaine sont au pluriel. C'est parce qu'il s'agit d'une action qui se répète de manière régulière ce jour-là, par exemple tous les samedis.

On utilisera bien sûr le singulier pour un événement qui se produit de façon ponctuelle :

I'd like to have a coffee with Maria on Wednesday.

5. LISEZ ATTENTIVEMENT !

Lisez le résumé de l'emploi du temps quotidien de Karen. Donnez, à votre tour, des détails sur votre emploi du temps.

My name is Karen and I teach Spanish at a secondary school.
I have the same schedule every day during the week: I start at 8:00 a.m. and finish at 4:00 p.m. Though in winter, I help with the girls' basketball team. We have practise on Wednesday nights from 5:00 to 6:30 p.m.

I am very active, so I try to go to the gym. I usually go on Mondays, Tuesdays and Thursdays from 6:30 a.m. to 7:30 a.m. If I can't go in the morning, I go for an hour after school. I like to have my weekends free. I try not to make plans so that I can relax and enjoy my free time. On Saturdays, I always sleep late.

6. UN PEU D'EXERCICES...

Lisez cet article extrait du blog de Jamie et complétez-le avec les prépositions manquantes là où c'est nécessaire.

Jamie's blog

About Me | Contact | Fun Ideas | Recent News

Man, I hate Mondays. I am a late sleeper, so when my alarm rings __________ 7:00 a.m. __________ Monday mornings, it drives me crazy. I feel like sleeping __________ another four hours! But, I have to get up __________ 7:00 a.m., so I can have (*Brit.*) [take (*Am.*)] a shower, drink a quick coffee and be __________ the corner __________ the bus stop to catch my bus __________ 7:30 a.m. Though I don't live too far away __________ my job, it takes __________ 30 minutes to get there. I start __________ 8:00 a.m. Monday to Friday on the dot.

I work as a secretary. I work __________ 8:00 a.m. __________ 5:00 p.m., and I have one hour to eat my lunch. I usually go __________ 12:00 p.m. __________ 1:00 p.m.; sometimes I have to go __________ 12 because I am just too hungry! The only good thing about starting early __________ the morning is that I finish early __________ the afternoon. In the evening, I usually like to take my dog to the park. We are usually there every day __________ 6:00 __________ 7:00 p.m. Sometimes afterwards, I meet up with some friends, or go to the library or maybe watch some T.V. At (*Brit.*) [On (*Am.*)] weekends, I like to spend time with friends, go shopping or go to the beach. I wish every day were Saturday __________ Sunday!

© Jamie's Blog 2010 Home | About Me | Contact | Fun Ideas | Recent News

PRONONCIATION

Le rythme et l'intonation

Lorsque nous parlons, nous accentuons certains mots plus que d'autres. Les mots que nous accentuons sont ceux dont le sens est le plus important dans la phrase. La plupart du temps, ces mots sont des noms, des verbes, des adjectifs ou encore des adverbes. Ils sont parfois appelés des *content words*, car ce sont eux qui contiennent le message de la phrase. L'accent tonique tombe sur la syllabe la plus importante de ces mots. C'est généralement cette syllabe qui est accentuée spontanément.

7. ÉCOUTEZ BIEN !

Écoutez les phrases suivantes. Arrivez-vous à distinguer les syllabes accentuées ? Ce sont celles indiquées en majuscules.

1. **Turn LEFT at the CORner.**
2. **Go OVER the BRIDGE.**
3. **Take the FIRST street on the RIGHT.**
4. **We OPEN at NINE o'clock.**
5. **There's a BANK on the LEFT.**

8. ÉCOUTEZ BIEN !

Écoutez les phrases suivantes et entourez les syllabes ou les mots accentués.

1. **We're closed on Sundays and Mondays.**
2. **It's not on the left it's on the right.**
3. **Don't go through the park.**
4. **The watches are on the fourth floor.**
5. **Excuse me, what time do you close?**

CONSEIL PRATIQUE

Profitez des différentes occasions où vous partez en voiture ou à vélo pour réfléchir aux directions que vous prenez. Pendant votre trajet, entraînez-vous à donner les indications en anglais (*turn right, take the second right, stop at the corner*).

Testez-vous !

Testez ce que vous avez appris au cours de cette leçon et révisez ce qui ne vous semble pas encore acquis.

SAVEZ-VOUS... ?

- **vous renseigner sur les horaires d'ouverture et de fermeture d'un lieu**
  Are you open tomorrow?
  Excuse me, what days are you closed?

- **donner des détails sur les créneaux horaires ou les jours d'ouverture et de fermeture d'un lieu**
  The pool is open every day, but on Wednesdays and Thursdays it's closed in the evenings.
  No, the post offices are closed on Saturday afternoons and Sundays.

- **énumérer les jours de la semaine**
  Monday
  Tuesday
  Wednesday
  Thursday
  Friday
  Saturday
  Sunday

- **employer les prépositions de temps**
  The shop opens at 9:15.
  The market is open from 8:00 a.m. to 6:00 p.m.
  We're open on Saturdays, but we're closed on Sundays.

- **identifier les syllabes accentuées dans une phrase**
  Turn LEFT at the CORner.
  Go OVER the BRIDGE.

Pour aller plus loin

Rassemblez des brochures d'hôtels et de sites touristiques. Examinez-les : elles donnent souvent des instructions, ainsi que des plans, expliquant l'itinéraire pour s'y rendre. Combien d'instructions connaissez-vous déjà ? Regardez attentivement le plan et voyez si vous pouvez repérer des mots comme *river*, *street*, *avenue*, etc.

BERLITZ HOTSPOT

Rendez-vous sur www.fr.berlitzhotspot.com...

Réseaux sociaux

Vous avez déjà raconté sur **Berlitz Hotspot** quel était le site touristique le plus intéressant de votre ville. Donnez maintenant quelques détails sur ses horaires d'ouverture et de fermeture, ainsi que les jours où il est possible de le visiter, pour que vos amis puissent s'y rendre un jour !

Podcast 12

Ouvert 24h/24

Téléchargez ce podcast.

Activité Internet

Regardez à nouveau les sites Internet des sites touristiques que vous avez découverts au cours de l'activité Internet de la leçon 11. Recherchez les horaires d'ouverture et entraînez-vous à les dire à voix haute.

Leçon 13 Je regarde seulement.

I'm Just Looking.

OBJECTIFS DE LA LEÇON

Dans la leçon 13, vous allez apprendre à faire les boutiques.

À la fin de cette leçon, vous saurez :

- accepter ou refuser l'aide d'un vendeur ;
- comprendre les annonces diffusées par le haut-parleur.

DIALOGUE

Écoutez ces personnes faire des achats dans un magasin de matériel électronique.

Cliente 1 : **Excuse me, do you carry computers?**
Vendeur 1 : **Yes, we do. They're on the second floor.**

Vendeur 2 : **Are you being helped?**
Cliente 2 : **Oh. I'm looking for camcorders.**
Vendeur 2 : **Sorry. We don't carry any video cameras.**

Cliente 3 : **Excuse me. We're looking for a DVD player.**
Vendeur 3 : **Just a second, ma'am. I'm helping this lady.**
Cliente 3 : **Oh, sorry.**

1. AVEZ-VOUS BIEN COMPRIS ?

A. **Quels articles les clients recherchent-ils ?**

a.

b.

c.

B. **Le magasin les a-t-il en stock ?**

a.

b.

c.

LE SAVIEZ-VOUS ?

En Grande-Bretagne et aux États-Unis, les vendeurs sont généralement très serviables. Vous pouvez leur demander tout ce que vous voulez à propos des tailles, des prix, de la qualité, de l'emplacement des articles... Si vous ne trouvez personne, vous pouvez vous adresser à l'accueil du magasin (*Customer Service centre (Brit.)/Customer Service center (Am.)*).

Utilisez les mots et expressions suivants, qui vous guideront tout au long de la leçon.

VOCABULAIRE

all	tout
answering machine	répondeur
attention	attention/votre attention
to be in a/the sale (*Brit.*) ; **to be on sale** (*Am.*)	être en solde
to buy	acheter
camcorder	caméscope
CD/DVD player	lecteur CD/DVD
clothing (*attention : indénombrable*)	vêtements
computer	ordinateur
customer	client, e
department	rayon (*magasin*)/ service (*entreprise*)
to do a favour (*Brit.*) ; **to do a favor** (*Am.*)	rendre un service
door	porte
Do you have/sell...?	Avez-vous/Vendez-vous... ?
Do you stock (*Brit.*) ; **Do you carry** (*Am.*)**...?**	Avez-vous en stock... ?
foot (*pl* **feet**)	pied
to go on	continuer
half-price (*placé devant le nom*)	à moitié prix
to help	aider
I'm (already) being served (*Brit.*) ; **I'm (already) being helped** (*Am.*).	On s'occupe (déjà) de moi.
I'm just looking.	Je regarde seulement.
I'm looking for...	Je cherche...
Is someone helping you?	On s'occupe de vous ?
item	article
jacket	veste
to look for	chercher
May/Can I help you (with something)?	Puis-je vous aider ?
MP3 player	lecteur MP3
to need	avoir besoin de
to pay for	payer pour
per cent (*Brit.*) ; **percent** (*Am.*)	pour cent/ pourcentage
to pick out	choisir
purchases	achats
sale	vente/soldes
shirt	chemise/chemisier
(pair of) shoes	(paire de) chaussures
to shop	faire les courses/ faire les magasins
shopper	client, e
Someone is (already) helping me.	On s'occupe (déjà) de moi.
special	promotion/spécial, e
to stock (*Brit.*) ; **to carry** (*Am.*)	avoir en stock
tired	fatigué, e
today	aujourd'hui
toy	jouet
to try on	essayer
video camera	caméscope
to wear	porter (*un vêtement*)

LE SAVIEZ-VOUS ?

En Grande-Bretagne et aux États-Unis, les magasins font des soldes tout au long de l'année. Toutefois, comme en France, les grosses périodes de soldes ont lieu en hiver (janvier) et en été (juillet).

2. ÉCOUTEZ BIEN !

Écoutez ces annonces diffusées dans un grand magasin. Numérotez-les de 1 à 6 selon l'ordre dans lequel vous les avez entendues.

1. **Attention shoppers! It's 6 p.m. We're closing for the day. Please complete all your purchases. Thank you for shopping at Field's.**
2. **Attention shoppers! Today we're having a special sale on all toys. Twenty-five to fifty per cent off all items! That's right. Everything in our toy department is on sale, today only!**
3. **Attention shoppers! Our clothing sale is going on right now on the fifth floor. That's right. Everything is on sale in our clothing department on the fifth floor.**
4. **Attention shoppers! We're looking for a lost boy. His name is Bobby. He's four years old. He's wearing a blue jacket.**
5. **Attention shoppers! Are your feet tired? Maybe you need a new pair of shoes. We're having a half-price sale on all shoes, today only. Come and try on a pair or two!**

Closing time is 6:00 p.m.

a. ______

Clothing sale

b. ______

Sale on toys – 25 –50% off all items

c. ______

We're looking for a lost boy.

d. ______

All sale shoes – 1/2 price

e. ______

3. ÉCOUTEZ BIEN !

Écoutez à nouveau les annonces et complétez les cases avec les informations qui manquent.

1. Annonce : **Attention shoppers! It's ______ p.m. We're ______ for the day. Please complete all your ______ . Thank you for shopping at Field's.**

2. Annonce : **Attention ______ ! Today we're having a special ______ on all toys. Twenty-five to fifty per cent ______ all items! That's right. Everything in our toy department is ______ ______ , today only!**

3. Annonce : **Attention shoppers! Our clothing sale is going on right now on the ______ floor. That's right. Everything is on sale in our clothing ______ on the fifth floor.**

4. Annonce : **Attention shoppers! We're looking for a lost ______ . His name is Bobby. He's four years old. He's wearing a ______ ______ .**

5. Annonce : **Attention shoppers! Are your feet tired? Maybe you need a new ______ of shoes. We're having a ______ sale on all shoes, today only. Come and try on a pair or two!**

Le présent continu

GRAMMAIRE

Le présent continu se construit avec *to be* (auxiliaire) et le verbe auquel on ajoute la terminaison *-ing* : *to be (am, is, are)* + *V-ing*.

I am working.
He is going.
You are eating.
We are walking.
They are looking.

On emploie le présent continu pour évoquer une action qui a lieu au moment où l'on parle :

It's 6:30. We're closing now.
Are you looking for the children's department?

On l'emploie également pour parler de quelque chose qui a lieu dans le présent, mais pas obligatoirement au moment même où l'on parle :

Ava has a new job. She's working at a supermarket.

Le présent continu est souvent utilisé pour parler d'un laps de temps qui a lieu dans le présent : aujourd'hui (*today*), ce matin (*this morning*), cette semaine (*this week*), etc.

They're having a sale at the department store this week.

4. UN PEU D'EXERCICES...

Écrivez cinq phrases au présent continu qui sont vraies au moment même où vous les écrivez.

Exemple : Right now, I'm studying English.

1.
2.
3.
4.
5.

5. À VOUS DE JOUER !

Inventez cinq annonces au présent continu en utilisant les mots entre parenthèses.

Exemple : (all, MP3 players) Attention shoppers! We are having a special sale today. All MP3 players are 50% off. Yes, 50% off! Take advantage of this special offer.

1. **(be in the sale, CD player)**
2. **(clothing department, half-price)**
3. **(feet, shoes, today)**
4. **(toy, special, per cent)**
5. **(jacket, need, try on)**

6. UN PEU D'EXERCICES...

Que font-ils ? Décrivez ce qu'est en train de faire chacune de ces personnes.

1.

2.

3.

4.

7. UN PEU D'EXERCICES...

Deux amies se rencontrent par hasard au rayon homme d'un grand magasin. Complétez leur conversation en employant les verbes ci-dessous à la forme qui convient. Un même verbe peut être utilisé plusieurs fois.

to be	to do	to buy	to shop	to work

Jennifer : **Teresa! Hi! What ______ you ______ here?**

Teresa : **Hi, Jennifer. I'm ______ a shirt for my boyfriend.**

Jennifer : **Oh, ______ you usually ______ for him?**

Teresa : **Not usually, but he ______ ______ late every day this week, so I'm ______ him a favour.**

LE SAVIEZ-VOUS ?

En Grande-Bretagne, les centres commerciaux sont appelés *shopping centres*. Les Américains, eux, font les magasins dans des *shopping malls*.

8. UN PEU D'EXERCICES...

Formez des phrases au présent continu en utilisant les verbes donnés ci-dessous.

1. **(to buy)**
2. **(to help)**
3. **(to look for)**
4. **(to pay for)**
5. **(to shop)**

9. UN PEU D'EXERCICES...

Imaginez une conversation entre un vendeur et deux clients dans un magasin. Utilisez les indications données pour inventer les répliques de chacune de ces trois personnes.

Vendeur :

Demandez au client si vous pouvez l'aider.

Client 1 :

Demandez si un article particulier est en stock.

Vendeur :

Indiquez si le magasin l'a ou pas en stock.

Client 1 :

Si le magasin l'a en stock, demandez à voir l'article en question. Sinon, remerciez le vendeur.

Client 2 :

Demandez conseil au vendeur.

Vendeur :

Dites au client que vous pouvez l'aider.

Client 2 :

Indiquez au vendeur ce que vous recherchez.

Vendeur :

Répondez en fonction de la requête.

Testez-vous !

Testez ce que vous avez appris au cours de cette leçon et révisez ce qui ne vous semble pas encore acquis.

SAVEZ-VOUS... ?

- [ ] **demander de l'aide dans un magasin**
  Excuse me, do you stock computers?
  Excuse me. We're looking for DVD players.
- [ ] **décliner l'aide du vendeur**
  No thanks, we're just looking.
- [ ] **parler d'offres promotionnelles dans un magasin**
  There's a sale on DVDs.
  They're half price.
  They're 20% off.
- [ ] **utiliser le présent continu**
  I am working.
  He is going.
- [ ] **employer le présent continu pour évoquer des faits qui n'ont pas lieu exactement au moment où l'on parle**
  He's busy now. He's helping another customer.
  They're having a sale at Macy's department store this week.

BERLITZ HOTSPOT

Rendez-vous sur www.fr.berlitzhotspot.com...

Réseaux sociaux

Êtes-vous déjà allé faire les magasins en Grande-Bretagne ou aux États-Unis ? Allez sur **Berlitz Hotspot** pour échanger des anecdotes avec vos amis.

Podcast 13

Les différents types de magasins

Téléchargez ce podcast.

Activité Internet

Voulez-vous vous entraîner à utiliser ce que vous avez appris ? Sur **Berlitz Hotspot**, vous trouverez des lien de sites Internet de magasins britanniques et américains. Inventez de courts dialogues à partir des article que vous voyez et entraînez-vous à citer des articles, à parler des prix et des offres spéciales.

Leçon 14 J'aimerais quelque chose...

I'd Like Something...

OBJECTIFS DE LA LEÇON

Dans la leçon 14, vous allez apprendre à acheter des vêtements.

À la fin de cette leçon, vous saurez :

- parler des vêtements ;
- demander des informations sur les vêtements ;
- comparer des articles.

DIALOGUE

Écoutez ces clients faire des achats dans un magasin de vêtements.

1.

Cliente 1 : **Excuse me. Can I try this blouse on?**

Vendeur 1 : **Certainly. The dressing room is right over there.**

Cliente 1 : **Thanks...Oh, this one is too small. It's really tight on me. Well, do you have a bigger one? Maybe a size 12.**

Vendeur 1 : **Let's see. Oh, you're in luck. There's one left.**

2.

Vendeuse 2 : **This jacket looks great on you.**

Client 2 : **Really? Well, it's a little expensive though. Do you have anything less expensive?**

Vendeuse 2 : **Yes, we do. But this one is made for you.**

Client 2 : **Well, let me think about it.**

3.

Vendeuse 3 : **Would you like to try that skirt on?**

Cliente 3 : **Um, I don't think so. It's a little too short. I'd like something longer.**

Vendeuse 3 : **Well, this one is longer. And I think it's a better colour for you.**

Cliente 3 : **Yes. I think you're right. I'll take it.**

LE SAVIEZ-VOUS ?

Le système des tailles de vêtements pour femme est différent en Grande-Bretagne et aux États-Unis de celui utilisé en France. Mais même entre ces deux systèmes anglophones, il existe des disparités. Par exemple, une taille 12 en Grande-Bretagne (qui équivaut à un 40 français) fait une taille de moins aux États-Unis. Les pointures de chaussures diffèrent également !

Utilisez les mots et expressions suivants,
qui vous guideront tout au long de la leçon.

VOCABULAIRE

aisle	allée
attractive	attirant, e
to be in luck	avoir de la chance
to be left	rester
to be made for (you)	être fait pour (vous)
because	parce que
behind	derrière
belt	ceinture
better	mieux
blouse	chemisier
bright	vif, vive
certainly	bien sûr, certainement
coat	manteau
cheap	bon marché
dark	sombre
fitting room ; dressing room (*Am.*)	cabine d'essayage
to fit	aller (*un vêtement*)
great	super/formidable
hat	chapeau
heavy	lourd, e
less	moins
light	léger, ère/clair, e (*couleur*)
long	long, longue
to look good/bad on	bien/mal aller à (quelqu'un)
loud	voyant, e/bruyant, e
luck	chance
mirror	miroir
more	plus
narrow	étroit, e
short	court, e
size	taille
skirt	jupe
stylish	élégant, e/ sophistiqué, e
tie	cravate
tight	serré, e
too	aussi
trousers (*Brit.*) **; pants** (*Am.*)	pantalon
vest	gilet sans manche
to want	vouloir
wide	large

1. AVEZ-VOUS BIEN COMPRIS ?

A. Par quels articles les clients sont-ils intéressés ?

B. Lequel des trois clients se décide finalement à effectuer un achat ?

2. ÉCOUTEZ BIEN !

Écoutez à nouveau le dialogue. Complétez les cases avec les informations qui manquent.

1.

Cliente : Excuse me. Can I ______ this blouse on?

Vendeur : Certainly. The ______ ______ is right over there.

Cliente : Thanks... Oh, this one is too ______ . It's really ______ on me. Well, do you have a ______ one? Maybe a size 12?

Vendeur : Let's see. Oh, you're in ______ . There's one left.

2.

Vendeuse : This jacket looks ______ on you.

Client : Really? Well, it's a little ______ though. Do you have anything ______ ______ ?

Vendeuse : Yes, we do. But this one is made for you.

Client : Well, let me think about it.

3.

Vendeuse : Would you like to try that skirt on?

Cliente : Um, I don't think so. It's a little too ______ . I'd like something ______ .

Vendeuse : Well, this one is ______ . And I think it's a ______ colour for you.

Cliente : Yes. I think you're right. I'll take it.

Les adjectifs comparatifs

GRAMMAIRE

Pour former un adjectif comparatif, on ajoute *-er* ou *-r* aux adjectifs formés d'une syllabe (et parfois deux).

cheap	cheaper
large	larger

La plupart des adjectifs de trois syllabes ou plus sont précédés de *more* (« plus ») ou *less* (« moins »).

more attractive	less expensive

Si un adjectif de deux syllabes se termine par *-y*, celui-ci se transforme en *-ier*.

heavy	heavier

S'il se termine en *-ple* ou *-ble*, on ajoute un *-r*.

simple	simpler

Certains adjectifs impliquent un changement d'orthographe :

big	bigger
fat	fatter

Il existe certains cas irréguliers :

good	better
bad	worse

N'oubliez pas qu'en anglais, l'adjectif se place avant le nom :

a bigger shirt.

LE SAVIEZ-VOUS ?

Comme en français, beaucoup de mots anglais peuvent avoir plusieurs sens. Par exemple, *loud* signifie souvent « bruyant » mais s'emploie également pour qualifier une couleur très vive (voir exercice 5, par exemple). Lorsque vous rencontrez un mot qui semble ne rien vouloir dire dans une phrase, examinez le contexte pour vous aider à en deviner le sens. Vous pouvez également faire une recherche sur Internet ou consulter votre dictionnaire.

3. UN PEU D'EXERCICES...

Donnez la forme comparative des adjectifs ci-dessous.

1. **attractive** ____
2. **bright** ____
3. **dark** ____
4. **fat** ____
5. **great** ____
6. **heavy** ____
7. **light** ____
8. **long** ____
9. **loud** ____
10. **narrow** ____
11. **short** ____
12. **stylish** ____
13. **tight** ____
14. **wide** ____
15. **big** ____

4. ÉCOUTEZ BIEN !

Écoutez ces clients acheter des vêtements dans un magasin. Dites ce que chacun d'entre eux veut ?

Customer 1 wants ____ .

Customer 2 wants ____ .

Customer 3 wants ____ .

Client 1 : **This shirt doesn't fit me well. It's too big.**

Vendeuse 1 : **Oh? Try this one then. It's smaller.**

Client 1 : **OK. Thanks.**

Client 2 : **These pants are very expensive.**

Vendeur 2 : **Well, we have some cheaper ones down the next aisle.**

Cliente 3 : **This is a nice skirt, but it's a little long.**

Vendeuse 3 : **Do you want to try on a shorter one?**

Cliente 3 : **Yes.**

5. ÉCOUTEZ BIEN !

Écoutez d'autres personnes chercher des vêtements dans un magasin. Pourquoi n'achètent-elles rien ? Reliez chaque situation à la raison qui lui correspond.

1. **He's not buying the belt because**
2. **She's not buying the coat because**
3. **She's not buying the hat because**
4. **He's not buying the tie because**

a. **it's too loud.**
b. **she wants a brighter one.**
c. **it's too heavy.**
d. **he wants a wider one.**

Vendeuse 1 : **Do you want this belt, sir?**

Client 1 : **No, I don't think so. It's too narrow. I want something a little wider.**

Vendeur 2 : **Are you taking the coat, ma'am? It looks good on you.**

Cliente 2 : **Oh, really? No, I don't think so. It's too heavy. I need something lighter.**

Vendeuse 3 : **Do you like this hat, ma'am?**

Cliente 3 : **Well, not really. I don't like the color (*Am.*). It's too dark. I'd like something brighter.**

Vendeur 4 : **This is a nice tie, sir.**

Client 4 : **Oh, no, no, no. That's too loud for me.**

6. UN PEU D'EXERCICES...

Examinez les duos d'images. Pour chacun d'entre eux, construisez une phrase en utilisant un adjectif comparatif.

1.

2.

3.

4.

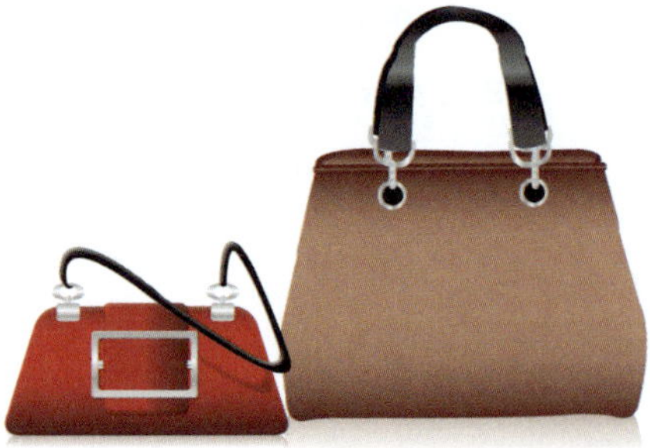

5.

7. À VOUS DE JOUER !

Vous êtes dans un magasin de vêtements. Lisez les indications données et préparez vos réponses à l'écrit avant de les dire à voix haute.

Vendeur : **Can I help you?**

Vous : ____________________

Acceptez son aide. Demandez-lui s'il a des jeans en stock.

Vendeur : **Jeans? Uh, oh yes, we do. Right over here. These are quite nice. They're £55.**

Vous : ____________________

Dites-lui que c'est trop cher. Demandez-lui s'il n'a pas quelque chose d'un peu moins cher.

Vendeur : **Let's see. Well, here's something for £34.**

Vous : ____________________

Demandez si vous pouvez l'essayer.

Vendeur : **Certainly. There's a mirror right behind you.**

Vous : ____________________

Dites-lui qu'il vous plaît et que vous le prenez.

Vendeur : **Very good.**

LE SAVIEZ-VOUS ?

En anglais, certains noms, bien que ne désignant qu'un seul objet, sont toujours écrits au pluriel et sont suivis d'un verbe conjugué au pluriel.

jeans → Your jeans are nice.
trousers → The trousers were washed.
scissors → These scissors are sharp.

Testez-vous !

Testez ce que vous avez appris au cours de cette leçon et révisez ce qui ne vous semble pas encore acquis.

SAVEZ-VOUS... ?

- ☐ **donner votre avis sur des vêtements**
  Oh, this one is too small.
  This skirt's really tight on me.
  This jacket's a little expensive.
- ☐ **former des adjectifs comparatifs**
  cheap → cheaper
  more attractive/less attractive
  heavy → heavier
- ☐ **employer des adjectifs comparatifs irréguliers**
  good → better
  bad → worse

BERLITZ HOTSPOT

Rendez-vous sur www.fr.berlitzhotspot.com...

Réseaux sociaux

Décrivez à vos amis sur **Berlitz Hotspot** les vêtements que vous portez aujourd'hui !

Podcast 14

Comment s'habiller ?

Téléchargez ce podcast.

Activité Internet

Vous voulez vous entraîner davantage sur le thème des vêtements ? Allez sur **Berlitz Hotspot** pour trouver les liens des sites Internet de plusieurs magasins britanniques et américains de prêt-à-porter. Parcourez leur catalogue et identifiez les articles que vous découvrez selon le type de vêtement dont il s'agit et leurs caractéristiques. Dites quels articles vous voulez, en indiquant la taille et la couleur que vous recherchez.

Vidéo 7 – **The Clothing Shop**

C'est le moment d'essayer quelques vêtements. Comment la cliente demande-t-elle de l'aide à la vendeuse ? Est-ce que le vêtement lui va bien ? Regardez la vidéo pour savoir comment trouver les cabines d'essayage et demander des articles dans une autre taille.

Leçon 15 Vous prenez les cartes de crédit ?

Do You Take Credit Cards?

OBJECTIFS DE LA LEÇON

Dans la leçon 15, vous allez apprendre à faire des achats dans un centre commercial.

À la fin de cette leçon, vous saurez :

- parler des différents modes de paiement ;
- utiliser les constructions comparatives *more than* et *less than.*

DIALOGUE

Écoutez ces personnes en train de passer à la caisse.

1.

Vendeuse 1 : **How would you like to pay?**

Client 1 : **Do you accept credit cards?**

Vendeuse 1 : **Yes, sir, we do.**

Client 1 : **Here you go.**

Vendeuse 1 : **Thanks. Just a second. Could you please sign here, sir?**

Client 1 : **Sure.**

2.

Vendeur 2 : **Cash or card, madam?**

Cliente 2 : **Oh, uh, don't you take cheques?**

Vendeur 2 : **No, I'm sorry.**

Cliente 2 : **Oh, OK. Just a second. I think I have enough cash with me.**

3.

Vendeuse 3 : **How are you paying, sir?**

Client 3 : **Uh, by cheque.**

Vendeuse 3 : **Fine. May I see some identification?**

Client 3 : **Here's my employee ID card.**

Vendeuse 3 : **Oh. Well, would you mind showing me your driving licence, if you have one?**

Client 3 : **Oh, yeah. Here.**

Utilisez les mots et expressions suivants, qui vous guideront tout au long de la leçon.

VOCABULAIRE

to accept	accepter	**enough**	assez
cardigan	cardigan/gilet	**gold**	or
cash	liquide (*argent*)	**identification** (ID)	pièce d'identité
charge	facturer/faire payer	**jewellery** (*Brit.*) ; **jewelry** (*Am.*)	bijoux
cheque (*Brit.*) ; **check** (*Am.*)	chèque	**price**	prix
to cost	coûter	**ring**	bague/anneau
credit card	carte de crédit	**scarf** (*pl* **scarves**)	écharpe/foulard
debit card	carte de paiement	**to show**	montrer
diamond	diamant/losange	**silver**	argent (*métal*)
dress	robe	**to sign**	signer
driving licence (*Brit.*) ; **driver's license** (*Am.*)	permis de conduire	**suit**	costume
		to take	prendre
employee	employé, e	**than**	que

1. AVEZ-VOUS BIEN COMPRIS ?

How does each customer want to pay?

a.

b.

c.

LE SAVIEZ-VOUS ?

En anglais britannique et en anglais américain, lorsqu'on écrit ou on prononce un chiffre avec des décimales, on utilise un point là où en français on utilise une virgule. Le symbole monétaire de la livre (*pound*) est £ et celui du dollar est $. Pour indiquer une somme, on écrit le symbole suivi du montant (par exemple : £4.99, $2.50).

LE SAVIEZ-VOUS ?

Comme en France, on peut utiliser des chèques pour payer dans les magasins américains. Mais dans les autres pays anglophones, les modes de paiement électronique, comme les cartes de crédit, sont préférés aux chèques.

2. ÉCOUTEZ BIEN !

Les nombres entre 101 et 1 000. Écoutez comment se prononcent les prix des articles ci-dessous puis entraînez-vous à les dire à voix haute.

Comparer des articles

GRAMMAIRE

Pour comparer deux choses, on ajoute *than* après l'adjectif comparatif.

The green coat is cheaper than the red one.

The white shirt is more attractive than the blue shirt.

Après *than*, on emploie généralement un pronom sujet : *I*, *you*, *he*, *she*, *we*, *you*, *they*, etc.

They are wealthier than we.

He's older than I.

I'm taller than she.

LE SAVIEZ-VOUS ?

À l'oral, vous entendrez peut-être l'emploi d'un pronom personnel sujet après *than*. Par exemple :

He's older than me.

I'm taller than her.

Cependant, à l'écrit, il est préférable d'utiliser un pronom sujet.

3. À VOUS DE JOUER !

Lisez à voix haute les prix ci-dessous en faisant attention à la prononciation. Écoutez ensuite l'enregistrement pour vérifier que vous les prononcez correctement.

1. £272.00
2. £431.99
3. £512.00
4. $620.00
5. £703.86
6. £844.00
7. £924.99
8. $989.00

4. À VOUS DE JOUER !

Comparez les prix des différents articles de l'exercice 2. Employez *more* ou *less* et *than*.

Exemple :

scarf – red/yellow **The red scarf is less expensive than the yellow one.**

1. **cardigan – green/white**
2. **dress – black/pink**
3. **ring – gold/diamond**
4. **suit – blue/black**

5. UN PEU D'EXERCICES...

Créez un petit dialogue en utilisant les phrases ci-dessous auxquelles vous ajouterez vos propres répliques.

1. **I'd like to pay by cheque.**
2. **I don't have a driving licence.**
3. **Do you take credit cards?**
4. **I'll take the blue coat. It's more attractive than the red one.**
5. **Do you have anything less expensive than this one?**

Vendeur : **Here's a blue coat in size 12.**

Vous : **Do you have anything less expensive than this one?**

Vendeur :

Vous :

Vendeur :

Vous :

Vendeur :

Vous :

Vendeur :

Vous :

6. À VOUS DE JOUER !

Quels sont vos goûts ? Répondez aux questions suivantes en utilisant une forme comparative.

Exemple :

What are your favourite colours?

I like bright colours more than light colours.

1. **Do you like the colour blue or the colour red more?**

2. **Do you like to wear sandals or shoes?**

3. **Do you like to wear trousers or dresses?**

4. **Do you like to wear hats or ties?**

5. **Do you like to wear cardigans or jackets?**

6. **Do you like gold or silver jewellery?**

7. À VOUS DE JOUER !

Comparez-vous aux personnes figurant sur les photos. Utilisez la construction suivante : adjectif comparatif + *than* + pronom sujet.

Exemple : She is older than I am.

CONSEIL PRATIQUE

Ne regardez pas les corrigés avant d'avoir fini les exercices, même si vous n'êtes pas sûr(e) de vos réponses. Attendez d'avoir au moins essayé de trouver la solution (par écrit ou à l'oral) avant de vérifier.

La prononciation

GRAMMAIRE

Lorsque les anglophones parlent vite ou dans un contexte informel, les mots qui ne sont pas accentués sont réduits. Ce qui veut dire que les voyelles ne sont pas prononcées de façon aussi longue qu'elles devraient l'être et que certaines consonnes (comme le *h* en début de mot par exemple) sont réduites aussi, voire même disparaissent. C'est souvent le cas avec les pronoms qui commencent par *h*.

I see'im! = I see him!

Do you trust'er? = Do you trust her?

8. ÉCOUTEZ BIEN !

Écoutez ce phénomène dans les exemples suivants :

What is he buying?

Let her see the dress.

Does he mind paying by cheque?

Maintenant, qu'avez-vous entendu, « a » ou « b » ?

1. a. **Give him the money.** b. **Give them the money.**
2. a. **Is he just looking?** b. **Is she just looking?**
3. a. **Is her cheque good?** b. **Is our cheque good?**

9. ÉCOUTEZ BIEN !

Écoutez les phrases suivantes dans lesquelles les pronoms sont réduits, puis répétez chacune d'entre elles rapidement.

I'm buying her a scarf.

Give the jacket to him.

Take her cheque.

Can I try on his coat?

Does he want to buy it?

Testez-vous !

Testez ce que vous avez appris au cours de cette leçon et révisez ce qui ne vous semble pas encore acquis.

SAVEZ-VOUS... ?

- [ ] **parler des différents modes de paiement**
  Do you accept credit cards?
  I'm paying by cheque.
  I'll pay in cash.
- [ ] **énoncer des nombres jusqu'à 1 000**
  £272
  £703.86
  £989
- [ ] **comparer deux objets ou plus**
  The green coat is cheaper than the red one.
  The white shirt is more attractive than the blue shirt.
- [ ] **employer les pronoms personnels sujets dans les formes comparatives**
  They are wealthier than we.
  He's older than I.
  I'm taller than she.
- [ ] **réduire les mots non accentués lorsqu'on parle vite**
  What is he buying?
  Let her see the dress.

Pour aller plus loin

Examinez les publicités dans des magazines et des journaux anglophones. Comptez parmi le nombre d'articles photographiés combien vous pouvez en nommer. Faites une liste des objets et de tous les adjectifs qui pourraient les décrire, par exemple, *an unbreakable toy* (un jouet incassable).

BERLITZ HOTSPOT

Rendez-vous sur www.fr.berlitzhotspot.com...

Réseaux sociaux

Allez sur **Berlitz Hotspot** et échangez vos opinions sur la mode avec vos amis. Dites-leur quels sont vos articles préférés, comme *I like sandals better [more] than shoes.*

Podcast 15

Comment payer ?

Téléchargez ce podcast.

Activité Internet

Pour aller plus loin dans l'utilisation de la construction comparative, retournez sur la liste des sites d[e] magasins que vous aviez découverts sur **Berlitz Hotspot**. Parcourez les catalogues et comparez les article[s] en utilisant les adjectifs comparatifs et la construction *more/less...than*.

Leçon 16 Se déplacer

Getting Around

OBJECTIFS DE LA LEÇON

Dans la leçon 16, vous allez apprendre à vous déplacer en ville.

À la fin de cette leçon, vous saurez :

- parler des différents moyens de transport ;
- expliquer comment se rendre quelque part.

DIALOGUE

Écoutez ces personnes expliquer comment elles se rendent à leur travail.

Where do you work?

I work right here in Rockefeller Center.

And where do you live?

I live outside the city.

How do you get to work?

I take the train, and then I take the subway.

How long does it take?

It takes about an hour and a half.

How do you get to work?

I take the bus.

And what time do you leave?

I leave at eight or eight-fifteen. It takes about 35 minutes, more or less.

I go by car to work.

And how long does it take?

Oh, about an hour or so.

Utilisez les mots et expressions suivants, qui vous guideront tout au long de la leçon.

VOCABULAIRE

almost	presque	**journey** (*Brit.*) ; **trip** (*Am.*)	trajet/voyage
before	avant	**to leave**	quitter/partir
bike/bicycle	vélo	**line**	ligne (de métro)
bus	bus	**more or less**	plus ou moins
by	en/par/à (*moyen de transport*)	**motorbike** (*Brit.*) ; **motorcycle** (*Am.*)	moto
to change lines	changer de ligne	**on foot**	à pied
to come	venir	**outside**	dehors
convenient	pratique/commode	**to ride**	aller à bicyclette
to drive	conduire	**right here**	juste ici
fast	rapide	**station**	gare
to get (to)	arriver à, accéder (à)	**to take**	prendre
to go	aller	**taxi**	taxi
half	moitié/demi, e	**traffic**	circulation
half-hour	demi-heure	**train**	train
home	maison/chez-soi	**underground** (*Brit.*) ; **subway** (*Am.*)	métro
How do you get to...?	Comment fait-on pour se rendre à... ?	**to wait**	attendre
How long does it take...?	Combien de temps cela prend... ?	**to walk**	marcher
It takes about...	Cela prend environ...	**work**	travail

1. AVEZ-VOUS BIEN COMPRIS ?

A. Comment ces personnes se rendent-elles à leur travail ?

B. Combien de temps cela prend-il ?

2. ÉCOUTEZ BIEN !

Écoutez maintenant cinq autres personnes expliquer comment elles se rendent à leur travail, à l'école ou à l'université. Reliez les deux phrases que chacune d'elles prononce, puis vérifiez les réponses à la fin de l'ouvrage.

1. **I ride my motorcycle to work.**	a. **It takes about five minutes.**
2. **I walk to school.**	b. **It's very convenient.**
3. **I drive to work.**	c. **It takes about ten minutes.**
4. **I go by bike.**	d. **It's very fast.**
5. **I take a taxi.**	e. **It takes about an hour and a half.**

LE SAVIEZ-VOUS ?

Le métro londonien, appelé « The Tube », est le réseau de transports en commun le plus étendu en Grande-Bretagne. Aux États-Unis, la qualité des transports en commun varie considérablement selon les villes ; toutes n'offrent pas un service de transports performant en terme de desserte pour leurs habitants. Le métro de New York est le seul métro à fonctionner 24h/24, 7j/7.

LE SAVIEZ-VOUS ?

Certaines choses ont un nom différent en anglais britannique et en anglais américain. Par exemple, le métro est appelé *underground* en anglais britannique et *subway* en anglais américain. Ces différences sont parfois déconcertantes, en particulier lorsqu'on se trouve face à un menu : par exemple, *aubergine* en anglais britannique, devient *eggplant* en anglais américain. En cas de doute, n'hésitez pas à demander !

Les prépositions

GRAMMAIRE

By

How do you get to work? By bus.
She goes to work by taxi.
They go home by underground.

On

Do you come to work on foot?

To

Les verbes tels que *to work* (travailler), *to come* (venir), *to go* (aller), *to drive* (conduire), et *to ride* (aller à bicyclette) sont suivis de la préposition *to* + un nom de lieu :

How do you get to work?
They walk to the bus stop.
He drives to the station.
She goes to school.

Remarquez que *home* constitue une exception. On n'emploie pas de préposition avec des expressions comme *get home*, *go home*, *come home* et *drive home*.

How do you get home?
They go home on foot.
Does he drive home?

For

I wait for the train at the station.
I'm waiting for the underground.

3. ÉCOUTEZ BIEN !

Quels sont les mots manquants dans le dialogue ci-dessous : *by*, *on*, *to* ou *for* ? Complétez les cases avec la préposition qui convient. Si aucune préposition n'est nécessaire, inscrivez un « X ». Écoutez le dialogue pour vérifier vos réponses.

How do you get to work? Do you go by bus?

Oh, no. I don't like to wait ____ the bus. I go ____ subway.

What time do you leave ____ home?

About 8:00 or 8:15.

How long does it take to get ____ your office?

It takes about half an hour.

Does your wife go ____ work ____ subway, too?

No. She leaves ____ home before 7:00. She drives ____ work.

How do your children get ____ school? Do they go ____ foot?

No. They take the school bus.

4. À VOUS DE JOUER !

Vous discutez avec votre amie américaine. Vous êtes curieux de savoir comment elle et son mari se rendent à leur travail et comment leurs enfants vont à l'école. Comment allez-vous lui demander...

1. **...comment elle se rend au travail ?**

2. **...à quelle heure elle quitte la maison ?**

3. **...combien de temps elle met pour se rendre à son travail ?**

4. **...si ses enfants vont à l'école en bus ?**

5. **...à quelle heure son mari et elle rentrent à la maison ?**

Maintenant que vous avez les questions, quelles pourraient être ses réponses ?

6. **Comment votre amie se rend-elle au travail ?**

7. **À quelle heure part-elle de la maison ?**

8. **Combien de temps met-elle pour aller au travail ?**

9. **Ses enfants prennent-ils le bus pour se rendre à l'école ?**

10. **À quelle heure son mari et elle rentrent-ils du travail ?**

5. UN PEU D'EXERCICES...

Jack et Ava se rencontrent lors d'une soirée. Lisez les informations les concernant et inventez un dialogue dans lequel ils se posent mutuellement des questions sur leur vie.

Jack lives in the city. He works for a newspaper close to home. He could walk to work, it's only 20 minutes away. But he usually wakes up late and takes the bus, which takes about 10 minutes. He begins work at 8:30 and leaves work at 5 p.m.

Ava lives in the suburbs. She works at a chemist's from 10 to 6, Monday to Friday. She drives to work every day and it takes her half an hour.

Jack :

Ava :

Jack :

Ava :

Jack :

Ava :

Jack :

Ava :

Jack :

Ava :

6. UN PEU D'EXERCICES...

Imaginez que vous organisez un voyage dans un pays anglophone. Vous allez séjourner chez un ami, mais il sera absent pendant votre séjour. Rédigez un court e-mail à son intention pour lui demander comment vous déplacer dans la ville et comment vous rendre aux endroits que vous voulez visiter.

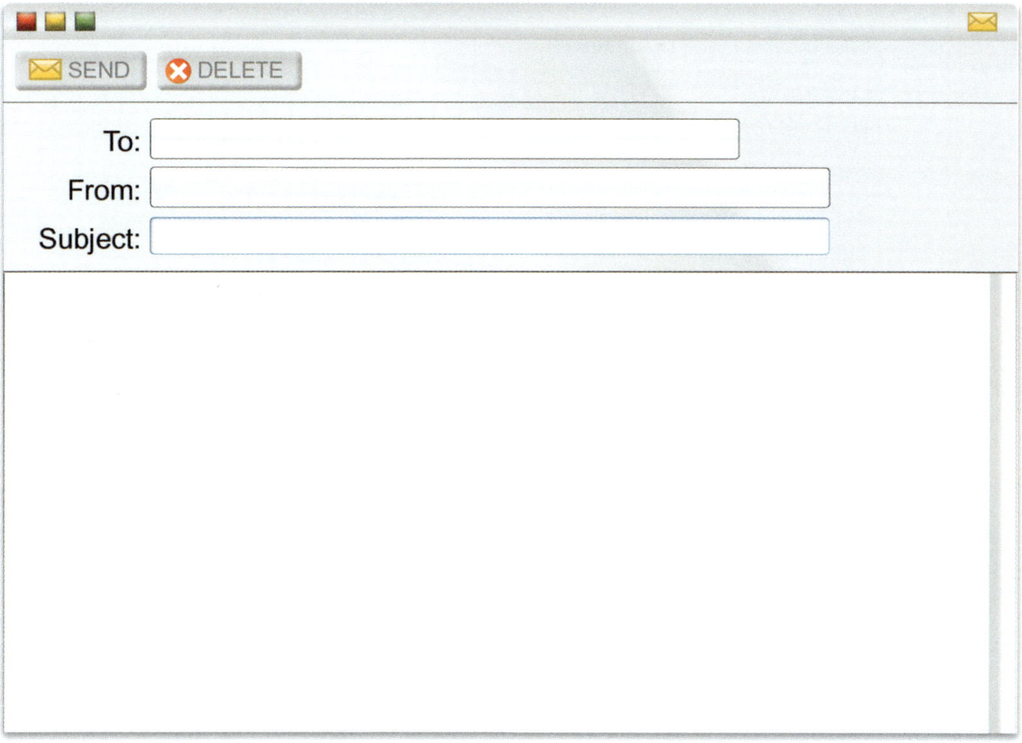

7. À VOUS DE JOUER !

Et vous ? Répondez aux questions suivantes.

1. **How do you normally get around your city?**
2. **Do you go by bus? On the underground? By car? On foot?**
3. **How long does it take you to get to school or work?**
4. **If you go by public transport, how much does it cost you?**
5. **How long does it take you to go where you normally do your shopping?**

Testez-vous !

Testez ce que vous avez appris au cours de cette leçon et révisez ce qui ne vous semble pas encore acquis.

SAVEZ-VOUS... ?

- ☐ **expliquer comment vous vous rendez quelque part**
  I take the train, and then I take the underground.
  I take the bus.
  I go by car to work.
- ☐ **dire combien de temps cela vous prend**
  It takes about 35 minutes.
  It takes about an hour or so.
- ☐ **utiliser correctement les prépositions *by, on, to, for***
  She goes to work by taxi.
  Do you come to work on foot?
  He drives to the station.
  I wait for the train at the station.
- ☐ **ne pas mettre de prépositions dans certains cas**
  What time do you leave home?

BERLITZ HOTSPOT

Rendez-vous sur www.fr.berlitzhotspot.com...

Réseaux sociaux

Avez-vous déjà emprunté les transports en commun dans un pays anglophone ? Allez sur **Berlitz Hotspot** et racontez votre expérience à vos amis en leur donnant des conseils pratiques.

Podcast 16

Se déplacer

Téléchargez ce podcast.

Activité Internet

Vous voulez plus d'entraînement à propos des transports en commun ? Allez sur **Berlitz Hotspot** pour avc accès aux lignes de la compagnie de bus touristiques de Chicago. Entraînez-vous à expliquer comment all d'une attraction à une autre en utilisant les expressions que vous avez apprises.

Vidéo 8 – **Commuting to Work**

Un homme d'affaires emprunte tous les jours les transports en commun pour se rendre à son travail. Qu est son trajet quotidien ? Quelle est la durée de son trajet ? Regardez la vidéo pour en savoir plus sur le trajets en semaine.

Leçon 17 Combien coûte le billet ?

How Much Is the Fare?

OBJECTIFS DE LA LEÇON

Dans la leçon 17, vous allez apprendre à utiliser le bus, le métro et le train.

À la fin de cette leçon, vous saurez :

- parler des déplacements en bus ou en métro ;
- employer les différentes formes de *to have* (avoir).

DIALOGUE

Écoutez ces touristes en visite à New York demander des informations sur les bus.

1.

Passager 1 : **Excuse me. Does the number two bus stop here?**
Passager 2 : **Yes, it does.**
Passager 1 : **How much is the fare?**
Passager 2 : **It's two twenty-five.**
Passager 1 : **Do I need exact change?**
Passager 2 : **You need exact change or a MetroCard.**

2.

Passager 3 : **Excuse me. Which bus goes to 23rd Street?**
Passager 4 : **The number four. Do you need change?**
Passager 3 : **No, thanks. I've got a transfer.**
Passager 4 : **Good.**

1. AVEZ-VOUS BIEN COMPRIS ?

A. Combien coûte un ticket de bus ?

B. Comment appelle-t-on le fait de changer de bus pour un seul trajet ?

LE SAVIEZ-VOUS ?

Il existe plusieurs systèmes de pré-paiement pour les transports publics, selon la ville où vous vous trouvez. À Londres, vous achèterez une *Oyster Card*. À New York, vous utiliserez une *MetroCard* pour vous déplacer en bus ou en métro. À Sydney, vous prendrez des tickets *MyZone* pour emprunter les ferries, les trains ou encore les bus.

Utilisez les mots et expressions suivants, qui vous guideront tout au long de la leçon.

VOCABULAIRE

avenue	avenue
can	poubelle/boîte (de conserve)
to catch	attraper
change	monnaie (*appoint*)
city/town centre (*Brit.*) ; **downtown** (*Am.*)	centre-ville
Do I need exact change?	Est-ce que je dois faire l'appoint ?
exact	exact, e/précis, e
express	express/rapide
fare	prix du ticket
to get off	descendre *(d'un bus, d'un train,...)*
to get on	monter *(dans un bus, un train,...)*
local	local, e/du quartier
MetroCard	*carte de transport de la ville de New York*
Oyster Card	*carte de transport de la ville de Londres*
platform	quai
stop	arrêt
to stop	arrêter
ticket	ticket/billet
transfer	correspondance/ ticket de correspondance
uptown (*Am.*)	*quartiers résidentiels d'une ville*
Which...goes to...?	Quel... va à... ?

LE SAVIEZ-VOUS ?

Dans certaines villes de Grande-Bretagne et des États-Unis, vous pouvez vous procurer une carte de transports qui vous permet d'emprunter le bus et le métro. Cette carte peut généralement être rechargée à un distributeur automatique, et peut ainsi être utilisée de nombreuses fois. Des réductions sont souvent proposées. Les touristes et les personnes âgées de plus de 65 ans peuvent souvent bénéficier de réductions. La plupart du temps, les enfants de moins de 4 ans, ou ne dépassant pas une certaine taille, peuvent voyager gratuitement. Pour en savoir plus, allez voir sur le site Internet de la ville où vous vous rendez.

2. ÉCOUTEZ BIEN !

Écoutez cette conversation entre un homme et une employée du métro. Qu'avez-vous compris ? Entourez les bonnes réponses.

1. **The man wants to go...** **downtown/uptown.**
2. **The numbers 5 and 6...** **go downtown/don't go downtown.**
3. **To get to Park Street he has to take...** **an express train./a local train.**
4. **The number 5 train...** **stops at Park Street./doesn't stop at Park Street.**

3. ÉCOUTEZ BIEN !

Écoutez cette femme dans une station du métro new-yorkais demander des indications pour se rendre à Chinatown. Quelles sont les indications que l'homme lui donne ? Numérotez-les de 1 à 6 selon l'ordre dans lequel elles sont données.

	Wait for the number 6 train.
	Wait on the express platform.
	Get off at 59th Street.
	Take the number 4 or the number 5 train.
	Walk across the platform.
	Get off at Canal Street.

4. LISEZ ATTENTIVEMENT !

Lisez les trois conversations ci-dessous à propos des trajets en bus et en métro. Pouvez-vous renseigner les cases vides à l'aide des informations manquantes ? Écoutez ensuite les conversations pour vérifier vos réponses.

1.

Femme : **Excuse me. ______ bus ______ to 10th Avenue?**

Homme : **You have to ______ the number 42.**

Femme : **Does the number 42 ______ here?**

Homme : **Yes, it does.**

2.

Femme : **Driver! Is ______ the bus to 34th Street?**

Chauffeur de bus : **No. You have ______ take the number 4.**

Femme : **Where can I get the number 4?**

Chauffeur de bus : **It ______ right here.**

3.

Homme : **Excuse me, please. Is ______ a subway station near here?**

Femme : **There's one at 86th Street.**

Homme : **How ______ is the fare?**

Femme : **It's two twenty-five.**

Homme : **Do I need exact ______?**

Femme : **No. Just buy a ______ at the station.**

Les emplois de *have*

GRAMMAIRE

En anglais britannique, et notamment à l'oral, le terme *got* est souvent accolé à *have* (avoir) pour exprimer la possession. On peut alors rencontrer *have* sous sa forme contractée : *'ve*.

I've got a new car → I have a new car.
Have you got a pen? → Do you have a pen?

En anglais américain, *have* est généralement employé seul pour exprimer la possession.

We have a car.
I have exact change.
She has a bike.
He has a motorcycle.

Pour formuler des questions au présent, on utilise *do/does* comme auxiliaire ou encore l'expression *have... got* à l'oral.

How much change do you have?
Does Ruth have a car?
Have they got a ticket? (*Brit.*)

Pour formuler des phrases négatives, on utilise *don't/doesn't* comme auxiliaire ou encore l'expression *haven't got* à l'oral.

I don't have change.
Ruth doesn't have a computer.
We haven't got your address. (*Brit.*)

On emploie *have to* pour exprimer la nécessité.

I have to wait for the bus.
He has to drive to work.

Les formes négatives *don't have to/doesn't have to* expriment donc l'absence de nécessité. Dans ce cas, *have* peut être remplacé par *need*, qui signifie « devoir » ou « avoir besoin ».

You don't have to buy a ticket.
She doesn't have to walk.

Pour exprimer la possibilité, on utilise *can*. Ce petit mot est appelé un modal. Il est invariable (même à la 3e personne du singulier).

Can you drive to work? Yes, I can.
Can I get to Park Street by bus? No, you can't. You have to go by underground.
You can buy tickets at an underground station.

5. UN PEU D'EXERCICES...

Vous êtes à un arrêt de bus à Londres. Quelles questions devez-vous poser pour obtenir les réponses données ci-dessous ?

1. Q :

   R : **The number 42 bus stops right here.**

2. Q :

   R : **The fare is £1.75.**

3. Q :

   R : **Yes, you need exact change.**

4. Q :

   R : **No, I don't have any change.**

5. Q :

   R : **The underground station is at Market Street.**

6. UN PEU D'EXERCICES...

Voici quelques questions. Quelles réponses plausibles peuvent être données ?

1. Q : **Where can I catch the number 6 bus?**

   R :

2. Q : **What's the nearest station to the National Gallery?**

   R :

3. Q : **How much is the fare?**

   R :

4. Q : **Do I need a ticket?**

   R :

5. Q : **Can I buy tickets from the driver?**

   R :

7. UN PEU D'EXERCICES...

Nathan, un ami anglophone, prévoit de visiter la ville de votre enfance. Envoyez-lui un e-mail pour lui donner des détails sur votre ville : son nom, sa taille, une brève description des différents réseaux de transports (métro, bus ou train) et leurs différents tarifs.

SEND DELETE

To: You

From: Nathan

Subject: A Visit to Your Hometown

Hi!

Can you tell me about the town where you were born? What is the name of the town? How large is the town? Can you tell me about the town's underground bus, and train system and the cost of tickets?

Bye,

Nathan

SEND DELETE

To: Nathan

From: You

Subject: A Visit to Your Hometown

8. UN PEU DE DÉTENTE…

Pour aider Nathan, faites un croquis de la ville où vous vivez sur lequel vous indiquerez en anglais les principaux points de repère, ainsi que les arrêts des transports publics.

Testez-vous !

Testez ce que vous avez appris au cours de cette leçon et révisez ce qui ne vous semble pas encore acquis.

SAVEZ-VOUS... ?

- **poser des questions sur les transports publics**
  Excuse me. Does the number 2 bus stop here?
  Which bus goes to 23rd Street?
  How much is the fare?
- **identifier les différents emplois de *have***
  possession : We have a car.
  devoir : I have to wait for the bus.
- **utiliser le vocabulaire spécifique aux transports**
  exact change
  transfer
  express
  local
  fare

BERLITZ HOTSPOT

Rendez-vous sur www.fr.berlitzhotspot.com...

Réseaux sociaux

Avez-vous déjà emprunté le train lors de vos déplacements à l'étranger ? Cela vous a-t-il plu ? Ou bien, si cela ne vous est pas encore arrivé, pensez-vous que cela vous plairait ? Allez sur **Berlitz Hotspot** et partagez vos expériences, vos préférences et vos bons plans avec vos amis. Entraînez-vous à expliquer comment aller d'un lieu à un autre en utilisant les expressions que vous avez apprises.

Podcast 17

Acheter des tickets ou des titres de transport

Téléchargez ce podcast.

Activité Internet

Organisez un voyage en train ! Choisissez une destination, puis faites une recherche avec votre moteur d[e] recherche habituel. Quelles sont les différentes options possibles ? Comment allez-vous vous déplacer d'u[n] lieu à un autre ? Réalisez un itinéraire. Évaluez également combien cela va vous coûter et combien de temp[s] cela va vous prendre d'aller d'un endroit à un autre.

Leçon 18 Hep, taxi !

Taxi, Please!

OBJECTIFS DE LA LEÇON

Dans la leçon 18, vous allez découvrir comment prendre le taxi. À la fin de cette leçon, vous saurez :

- vous déplacer en taxi dans la ville ;
- employer *can/may* ;
- utiliser le présent continu.

DIALOGUE

Écoutez ces personnes prendre un taxi à Londres.

1.

Femme 1 : **Taxi!**

Chauffeur de taxi : **Where to?**

Femme 1 : **To Trafalgar Square, please. How far is that from here?**

Chauffeur de taxi : **About a mile.**

2.

Femme 2 : **Are you free?**

Chauffeur de taxi : **Yes, I am! Where would you like to go?**

Femme 2 : **To Heathrow Airport.**

Chauffeur de taxi : **Heathrow? What time does your flight leave?**

Femme 2 : **At four forty-five.**

3.

Femme 3 : **Good morning!**

Chauffeur de taxi : **Good morning! Where to?**

Femme 3 : **Can you take me to the Victoria and Albert Museum?**

Chauffeur de taxi : **The V&A? That's about five minutes from here.**

Femme 3 : **Good!**

Leçon 18 Hep, taxi !

Utilisez les mots et expressions suivants, qui vous guideront tout au long de la leçon.

VOCABULAIRE

airport	aéroport	**museum**	musée
Are you free?	Êtes-vous libre ?	**No problem.**	Pas de problème.
Can you take me to...?	Pouvez-vous m'emmener à... ?	**to owe**	devoir (*dette*)
driver	chauffeur	**passenger**	passager, ère
flight	vol (*avion*)	**receipt**	reçu
How far...?	À quelle distance... ?	**tip**	pourboire
to keep	garder	**To (the)..., please.**	À la/l'/ Au..., s'il vous plaît.
may	pouvoir/il se peut	**Where to?**	Quelle direction ?
mile	*mile (1.6 km)*	**Where would you like to go?**	Où voulez-vous aller ?

1. AVEZ-VOUS BIEN COMPRIS ?

Où ces passagers veulent-ils se rendre ?

a.

b.

c.

LE SAVIEZ-VOUS ?

Dès lors que vous montez dans un taxi, vous devez payer un forfait de base, qui augmente avec la distance parcourue. Il est également possible que le trajet vous coûte plus cher durant les heures de pointe et la nuit.
Aux États-Unis, il existe une charte des droits des passagers. Ils peuvent ainsi payer par carte bancaire, préciser un itinéraire particulier, demander à ce que le chauffeur mette l'air conditionné ou le chauffage, voyager sans être importunés par le bruit ou la fumée de cigarette et bien plus encore. Si votre chauffeur de taxi vous offre une prestation moyenne, vous pouvez tout à fait ne pas lui donner de pourboire. Autrement, il est usuel d'en laisser un.

2. ÉCOUTEZ BIEN !

Écoutez cette femme prendre le taxi pour se rendre au grand magasin Macy's. Répondez aux questions suivantes.

1. **How long does it take to get to Macy's?**

2. **How much is the fare?**

3. **How much does the passenger give the driver?**

Femme :	**Good morning. Are you free?**
Chauffeur de taxi :	**Sure. Where would you like to go?**
Femme :	**To Macy's. Do you know where that is?**
Chauffeur de taxi :	**Macy's Department Store? No problem.**
Femme :	**How far is it from here?**
Chauffeur de taxi :	**About ten minutes.**
Femme :	**Good!**
Chauffeur de taxi :	**Here you are. Macy's.**
Femme :	**How much do I owe you?**
Chauffeur de taxi :	**Four dollars.**
Femme :	**Here's five dollars. Keep the change.**
Chauffeur de taxi :	**Thank you.**
Femme :	**Oh, may I have a receipt, please?**
Chauffeur de taxi :	**Sure. Here you are, and thanks for the tip.**

LE SAVIEZ-VOUS ?

En Grande-Bretagne, un billet de banque se dit *note* (forme abrégée de *bank note*) tandis qu'aux États-Unis, on dira plutôt *bill*.

GRAMMAIRE !

Can / May I have

On utilise *can* pour formuler une demande ou pour interroger quelqu'un sur sa capacité à faire quelque chose.

Can you take me to Macy's?

Can you give me a receipt?

L'expression *May I have...?* est une manière polie de demander quelque chose à quelqu'un.

May I have a receipt, please?

May I have the map, please?

3. UN PEU D'EXERCICES...

Formulez des questions à partir des indications données. Utilisez *can* ou *may*.

1. Vous voulez que le chauffeur de taxi vous emmène au Natural History Museum.

2. Vous voulez un reçu.

3. Vous n'avez que des billets et vous voulez faire de la monnaie pour acheter une carte de métro.

4. Vous voulez un plan.

5. Vous voulez savoir combien de temps cela prend de se rendre en taxi à l'aéroport de Gatwick.

PRONONCIATION

La prononciation du *-s* à la fin des mots, que ce soit pour former un pluriel ou pour conjuguer un verbe, peut varier. L'enregistrement de l'exercice suivant vous donnera quelques exemples à écouter.

4. ÉCOUTEZ BIEN !

Remarquez l'orthographe de ces verbes. Faites particulièrement attention à la manière dont est prononcé le *-s* final de chaque mot. Écoutez et répétez-les à nouveau.

s = son *s*		**s = son *z***		**s = son *ez***		**son *s* pour les verbes irréguliers**	
walk	walks	leave	leaves	close	closes	do	does
stop	stops	go	goes	use	uses	have	has

5. ÉCOUTEZ BIEN !

Écoutez puis répétez les phrases suivantes. Assurez-vous de bien prononcer le *-s* final des verbes.

My husband drives his car to work.

Linda takes the bus to school.

She leaves home at eight o'clock.

The train stops at Park Street.

My son goes to school by bike.

He gets home before three o'clock.

Le présent continu

GRAMMAIRE

On emploie le présent continu pour évoquer une action qui a lieu dans le présent au moment où l'on parle :

She's not home now. She's exercising in the park.

On l'emploie également pour parler de quelque chose qui a lieu dans le présent, mais pas obligatoirement au moment même où l'on parle :

Danny gave up (*Brit.*)/quit (*Am.*) studying French. He's studying Spanish now.

→ Il n'est pas nécessairement en train d'étudier au moment où l'on prononce cette phrase.

Le présent continu est souvent utilisé pour parler d'une période de temps qui a lieu dans le présent, par exemple : *the day*, *today*, *this morning*, *tonight*, etc.

He's spending the day with his friends.

Le présent continu se construit avec *to be (am/is/are)* + verbe + *-ing*.

Forme affirmative :	He is going home now.
Forme négative :	He is not going home now.
Forme interrogative :	Is he going home now?
Réponses brèves : On utilise la forme conjuguée du verbe to be (sans le verbe + *-ing*).	Yes, I am./No, he isn't.

Attention : à l'oral, le verbe *to be* est souvent contracté aux formes affirmative et négative.

He's going home now.

He's not going home now./He isn't going home now.

6. UN PEU D'EXERCICES...

Lisez le dialogue ci-dessous et complétez les verbes manquants en les conjuguant correctement, au présent simple ou au présent continu. Suivez les indications données.

Femme : **Wow! It ______ a long time to get to the airport. (take)**

Chauffeur de taxi : **Well, there ______ a lot of traffic. (be)**

Femme : **How long ______ it normally ______ from here? (take)**

Chauffeur de taxi : **Twenty minutes.**

Femme : **It's already been forty-five!**

Chauffeur de taxi : **______ you ______ me to take a different way? (want)**

Femme : **I ______ . ______ you ______ it will be faster? (know (not)/think)**

Chauffeur de taxi : **Maybe. I ______ not sure. (be)**

Femme : **Let's try it. This traffic ______ not ______ ! (move)**

7. À VOUS DE JOUER !

Maintenant, inventez un dialogue prenant place dans un taxi à partir des indications données.

Homme : Demandez si le taxi est libre.

Chauffeur de taxi : Répondez par l'affirmative.

Homme : Demandez combien de temps cela prend d'aller à Hyde Park.

Chauffeur de taxi : Dites que cela prend environ 10 minutes.

Homme : Demandez quel est le montant de la course.

Chauffeur de taxi : Indiquez le montant.

Homme : Dites que cela vous convient.

Chauffeur de taxi : **Hop in!**

8. LISEZ ATTENTIVEMENT !

Lisez le dialogue et entourez les réponses correctes. La première phrase sert de modèle.

Where to?

May/**Can** you take me **to**/ **at** Oxford Street please?

Of course. Are you **coming at/going to** work?

Not today. I have the day **out/off**.

Oh, I see. What **are you doing/do you do** in the city today?

I'm spending **some/these** time in museums and department stores. I'm also **meeting/ making** a friend for lunch, and **we see/we're seing** a play in the West End.

Very nice. Do you take a taxi **to/at** work every day?

No. I **have/take** the bus to Victoria Station from the suburbs. Then I go **in/on** foot to my office.

Oh. I drive my car to work. And then at work, I drive a taxi!

LE SAVIEZ-VOUS ?

Le mot *queue*, en anglais britannique, est à la fois un nom, *a queue* (« file d'attente »), et un verbe, *to queue* (« faire la queue »). En anglais américain, une « file d'attente » se dit *line* et « faire la queue » se dit *to wait in line*. Quel que soit le mot utilisé, sachez qu'en Grande-Bretagne comme aux États-Unis, on considère comme très impoli de ne pas respecter la file d'attente !

Testez-vous !

Testez ce que vous avez appris au cours de cette leçon et révisez ce qui ne vous semble pas encore acquis.

SAVEZ-VOUS... ?

☐ **poser des questions lorsque vous prenez un taxi**
Are you free?
Can you take me to the Victoria and Albert Museum?
How much is the fare?
May I have a receipt?

☐ **différencier l'emploi de *can* et *may***
Can you take me to Macy's?
Can you give me a receipt?
May I have a receipt, please?
May I have the map, please?

☐ **prononcer les -s à la fin des mots**
walk → walks
leave → leaves
close → closes

☐ **construire et utiliser le présent continu**
Forme affirmative : He is going home now.
Forme négative : He is not going home now.
Forme interrogative : Is he going home now?
Réponses brèves : Yes, I am./No, he isn't.

Pour aller plus loin

Essayez de collecter des cartes de villes, des plans de réseaux de bus ou d[e] métro de villes britanniques ou américaines. Examinez les noms des endroit[s] que vous aimeriez visiter, localisez-les et identifiez les stations de métro qu[i] les desservent. Entraînez-vous à utiliser le vocabulaire dont vous auriez besoi[n] pour vous rendre à ces différents endroits avec les transports en commun.

BERLITZ HOTSPOT

Rendez-vous sur www.fr.berlitzhotspot.com...

Réseaux sociaux

Avez-vous déjà conduit dans un pays étranger ? Cela ressemblait-il à la conduite dont vous avez l'habitude en France ou bien avez-vous rencontré des difficultés ? Allez sur **Berlitz Hotspot** et partagez vos expériences avec vos amis.

Podcast 18

Le code de la route

Téléchargez ce podcast.

Activité Internet

Vous voulez vous entraîner davantage ? Recherchez des destinations dans des villes anglophones et inve[n]tez des dialogues entre vous et un chauffeur de taxi. Expliquez-lui où vous voulez vous rendre, par où vou[s] voulez passer, négociez le prix de la course, demandez un reçu, etc.

Vidéo 9 – **Taxi!**

Une femme a besoin d'un taxi. Comment s'y prend-elle pour héler le conducteur ? Où veut-elle se rendre Regardez la vidéo et découvrez une des manières possibles d'arrêter un taxi.

Test 2 Révision des leçons 10 à 18

1. Entourez la bonne réponse.

1. **Is there any/a bank near here?**
2. **I know his parents, but I don't like him/them.**
3. **The theatre is just over/around the corner.**
4. **I don't have any/some children.**
5. **His English is very good/well.**
6. **She's a nurse at/for the hospital.**

2. Reliez le *question word* au reste de la question qui lui correspond.

1. **Where**	a. **children does she have?**
2. **What**	b. **do you live?**
3. **How**	c. **money do you have?**
4. **How many**	d. **do you close?**
5. **What time**	e. **do I get to the bank?**
6. **How much**	f. **does he do?**

3. Complétez les phrases ci-dessous avec les prépositions *in*, *on* ou *at*.

1. **My house is ______ Park Street.**
2. **Turn left ______ the first traffic light.**
3. **The cameras are ______ the fourth floor.**
4. **There's a post box (*Brit.*)/mailbox (*Am.*) ______ Seventh Avenue.**
5. **Her office is ______ New York.**
6. **The restaurant closes ______ 11 p.m.**
7. **The Palace Theatre is ______ the left.**
8. **Carol works ______ the suburbs.**
9. **Don't go to the park ______ night.**
10. **The bank is closed ______ Sundays.**

4. Répondez aux questions suivantes en utilisant les mots entre parenthèses ainsi que *some*, *any*, *one* ou *none*.

1. **Is there a bus stop near here?** on the corner – yes

2. **Are there any department stores near here?** no

3. **Is there a hotel near here?** near the post office – yes

4. **Is there a train station near here?** no

5. **Are there any supermarkets near here?** on the next block – yes

6. **Are there any banks near here?** in (*Brit.*)/on (*Am.*) Main Street – yes

5. Complétez les phrases ci-dessous avec les prépositions *by*, *on* ou *at*.

1. **Do you always go to work ______ underground?**
2. **Can I pay ______ credit card?**
3. **My children go to school ______ foot.**
4. **The bank closes ______ 5 p.m.**
5. **I'm paying ______ cheque.**
6. **The bus stop is ______ Park Street.**

6. Rédigez les questions correspondant à chacune des réponses ci-dessous. Utilisez le mot entre parenthèses pour vous aider.

1. **About a mile from here.** (how)

______

2. **Yes. There's a bank on the next block.** (is)

______

3. **The fitting room is over there.** (where)

______

4. **I take the underground (*Brit.*)/subway (*Am.*) to work.** (how)

5. **The Palace Theatre? Turn left at the corner, and it's on the right.** (how)

6. **It takes half an hour.** (how)

7. Complétez chaque phrase avec la forme comparative des adjectifs suivants : *good*, *small*, *long*, *light*, *fast* ou *expensive*.

1. **This skirt is too short. Do you have a ______ one?**
2. **How much are those bags? Are they ______ than these?**
3. **She likes her new job. It's ______ than her old one.**
4. **Take the express train. It's ______ than the local.**
5. **This car is too big. I need something ______ .**
6. **This is very heavy. Do you have a ______ one?**

8. Choisissez la bonne réponse pour chacune des questions suivantes.

1. **Is there a bus stop around here?**
   a. **Yes, it does.** b. **No, it doesn't.** c. **Yes. It's over there.**
2. **How far is it from here?**
   a. **About 2 miles.** b. **Yes, it is.** c. **No, it's near.**
3. **What are your hours?**
   a. **It's four-thirty.** b. **It's nine o'clock** c. **Nine to five.**
4. **Are you free?**
   a. **Yes, I am!** b. **It's expensive.** c. **No, he isn't.**
5. **Do you take credit cards?**
   a. **I don't have change** b. **Yes, of course.** c. **No, we take Visa.**
6. **Do you have this cardigan in a smaller size?**
   a. **The jackets are over there.** b. **No, I'm afraid not.** c. **Every Wednesday.**

9. Complétez chaque phrase en conjuguant les verbes entre parenthèses à la forme qui convient.

1. **It** ______ **about half an hour by train.** (take)
2. **How do I** ______ **to the bus station?** (get)
3. **I** ______ **to work every day.** (walk)
4. **John wants to** ______ **a new suit today.** (wear)
5. **The white cardigan** ______ **£85.** (cost)
6. **Mary** ______ **at the bank three days a week.** (work)

10. Reliez chaque mot de la colonne de gauche à son contraire dans la colonne de droite.

1. **closed**	a. **up**
2. **down**	b. **dark**
3. **long**	c. **cheap**
4. **right**	d. **open**
5. **expensive**	e. **left**
6. **light**	f. **short**

11. Complétez chaque liste de mots d'une même catégorie avec trois des mots contenus dans le tableau.

car	dark	suit	taxi	bright
trousers (*Brit.*) pants (*Am.*)	aeroplane (*Brit.*) airplane (*Am.*)	walk	short	exact change
ticket	cheque (*Brit.*) check (*Am.*)	drive	on foot	blouse

1. **train, bus, underground (*Brit.*)/subway (*Am.*)...**

2. **jacket, shirt, shoes...**

3. **cash, credit card, transfer...**

4. **long, heavy, light...**

5. **journey (*Brit.*)/ride (*Am.*), get off, get on...**

12. Complétez chaque phrase en conjuguant le verbe entre parenthèses au présent continu.

1. **I** ______ ______ **by train this week.** (go)
2. **John** ______ ______ **a suit today.** (wear)
3. **She** ______ ______ **Spanish now.** (study)
4. **I** ______ ______ **off at the next stop.** (get)
5. **Tim worked at the bank, but now he** ______ ______ **for the newspaper.** (work)
6. **Sharon** ______ **a taxi to the airport. I** ______ **the bus.** (take)

Corrigés

LEÇON 1

1. Hi. - Morning. - Good afternoon. - Hello. - Good evening. - Goodbye. - Goodnight.

2. A. 4 - B. 3 - C. 1. - *L'image* D. *n'est associée à aucune des conversations.*

3. Good afternoon. - Good, My name - sorry, please - My first, my last, is - Thank you.

4. 1. M. Campana - 2. G. Chaplin - 3. P. Massey - 4. T. Bisset.

5. *Plusieurs réponses sont possibles.*

6. *Prénoms des femmes :* 1. Susan - 2. Lisa - 3. Ellen.
Prénoms des hommes : 4. Steve - 5. Paul - 6. Richard.

7. *Plusieurs réponses sont possibles.*

8. 1. they are - 2. she is - 3. we are - 4. I am - 5. you are - 6. he is - 7. it is.

9. 1. I'm - 2. we're - 3. you're - 4. he's - 5. they're - 6. it's - 7. she's.

10. 1. they are not - 2. she is not - 3. we are not - 4. I am not - 5. you are not - 6. he is not - 7. it is not.

11. 1. they aren't - 2. she isn't - 3. we aren't - 4. I'm not : pour « I am », il n'est pas possible d'utiliser la forme contractée de « not » - 5. you aren't - 6. he isn't - 7. it isn't.

12. 1. his coffee, Jack's coffee - 2. their table, Mary and Elizabeth's table - 3. her car, Caroline's car - 4. his book, John's book.

LEÇON 2

1. A. a. Maria García b. Bob Stewart c. Tony Davies - B. Maria : Spain - Bob : Scotland - Tony : Wales.

2. 1. False - 2. False - 3. True - 4. True.

3. 1. **H**ello. **M**y name's **K**enji **M**atsuda and **I**'m from **T**okyo. - 2. **T**his is **T**om **P**riest, and he's **C**anadian. - 3. **G**ood evening. **I**'m **H**enri **B**ernard and **I**'m from **F**rance. - 4. **G**ina isn't **S**panish; she's **I**talian. - 5. **I**s **R**osa from **B**razil?

4. are you - my - sorry - I am - are you - to meet you.

5. *Exemples de réponses :* 1. Yes, he's well. - 2. I'm from *(origine géographique)*. - 3. No, he's not from London. He's from Australia. - 4. Yes, they're American. / No, they're not

American. They're Canadian. – 5. Yes, I'm Sue Fisher. / No, I'm not Sue Fisher. I'm *(nom)*. – 6. Pleased to meet you. I'm *(nom)*.

6. *Plusieurs réponses sont possibles.*

7. 1. Is Philip from New York? – 2. Is she in Spain? – 3. Are they from Brazil? – 4. Are you from France? – 5. Are we in London? – 6. Aren't you Emma Harris?

8. 1. Yes, he is. / No, he's not. *ou* No, he isn't – 2. Yes, I am. / No, I'm not. *ou encore* Yes, we are. / No, we're not. *ou* No, we aren't. – 3. Yes, they are. / No, they're not. *ou* No, they aren't. – 4. Yes, we are. / No, we're not. *ou* No, we aren't. *ou encore* Yes, you are. / No, you're not. *ou* No, you aren't.– 5. Yes, she is. / No, she's not. / No, she isn't. – 6. Yes, I am. *ou* No, I'm not. *ou encore* Yes, you are. / No, you're not. *ou* No, you aren't.

9. 1. His car is French. – 2. Her first name is Emma. – 3. We are not from Italy. – 4. Tom is Jack's friend. – 5. We aren't from North America.

10. 1. Is that David's car? – 2. Are you Spanish? – 3. Are they from Japan? – 4. Is she John's friend? – 5. Is Judy's last name Waits?

11. 1. **H**ello. How are you? My name**'s** Pablo. Where **are you** from? I **am** from Madrid in Spain. – 2. Hi. I am Kenji, **T**ony's friend. Pleased to meet you. **Where are you from**? I'm from Tokyo.

12.

J	A	P	A	N	E	S	E	E	O	F	H
G	O	O	D	B	Y	E	W	E	N	S	T
G	M	E	X	I	C	A	N	O	I	E	H
M	O	R	N	I	N	G	O	L	I	V	A
C	A	K	X	N	Z	N	G	I	C	E	N
A	E	M	B	F	R	N	E	D	I	N	K
N	M	N	E	E	E	E	O	E	T	I	Y
A	E	A	T	R	N	R	R	T	A	N	O
D	O	F	F	I	I	A	N	E	L	G	U
I	A	C	A	N	K	C	M	E	I	B	A
A	F	R	E	N	C	H	A	E	A	G	W
N	S	P	A	N	I	S	H	N	N	N	I

LEÇON 3

1. *Plusieurs réponses sont possibles.*

2. 1. 247 – 2. 8825 – 3. 906 – 4. 7041.

3. 1. 555-9841 – 2. 555-8490 – 3. 555-1703 – 4. 555-2941.

4. 1. This is Joe, Joe Carter. My number, is five, five, five, nine, eight, four, one. – 2. This is BBA, Limited. Our number is five, five, five, eight, four, nine, zero. – 3. This is Judy Wells. My number is five, five, five, one, seven, zero, three. – 4. This is Delta Engineering. Our number is five, five, five, two, nine, four, one.

5. *Plusieurs réponses sont possibles.*

6. a. England, 1:00 a.m. – b. New York, 8:00 p.m. – c. Tokyo, 10:00 a.m.

7. *Plusieurs réponses sont possibles.*

8. evening – number – morning – sorry – goodbye – hello – goodnight – Mexico – telephone – Portugal.

9. 1. same : English – morning – 2. different : Italy – Japanese– 3. different : goodbye – seven – 4. same : telephone – Canada – 5. different : hello – number.

LEÇON 4

1. A. Le client 1 commande un thé au lait. – B. Le client 2 commande un café.

2. 1. omelette – 2. hot dog – 3. hamburger – 4. orange juice – 5. tuna sandwich – 6. iced tea – 7. green salad.

3. 1. an omelette – 2. a hot dog – 3. a hamburger – 4. an orange juice – 5. a tuna sandwich – 6. an iced tea – 7. a green salad.

4. I'd like a toasted cheese sandwich and a cup of tea, please. – I'd like a baked potato with cheese, a coffee and a mineral water, please. – I'd like an omelette and an orange juice, please.

5. *Plusieurs réponses sont possibles.*

6. pastry, £2.75 – coffee, £1.75 – soft drink, £1.50 – toasted cheese sandwich, £3.25 – fruit salad £3.95 – mineral water £1.25 – ice cream £2.00 – total, £16.45.

7. *Plusieurs réponses sont possibles.*

LEÇON 5

1. A. cheese, potato salad, onion dip – B. the potato salad, the onion dip.

2. Jane : white wine, onion dip – David : ginger ale, cheese and crackers.

3. would you like some – I'm fine, What's that – It's, Would, like some – Thanks, it's.

4. *Exemples de réponses :* I'd like some coffee, please. – Cream, please. – No, I'm fine, thanks.

5. *Plusieurs réponses sont possibles.*

6. 2. How about some cheese and crackers? – 3. How about some crisps/chips? – 4. Would you like something to drink? Some ginger ale? – 5. How about some salad?

7. 1. Would you like this onion dip or that bean dip? – 2. How about a cold drink? This ginger ale or that cola? – 3. How about a hot drink? Would you like this tea or that coffee? – 4. How about some wine? This white wine or that red wine?

8. this – this, that – that – some – some.

LEÇON 6

1. A. postcards, a camera, maps – B. 85p, £150, £7.99.

2. a bag : client n° 1, $15 – two candy bars : client n° 2, 75p/$0.75 each – maps : personne, $3.50.

3. 1. d – 2. e – 3. a – 4. c – 5. b.

4. nice – expensive – interesting – big – small – new.

5. 1. It's a red bag. / That's a red bag. / This is a red bag. – 2. They're blue (sun) glasses. / These are blue (sun) glasses. / Those are blue (sun) glasses. – 3. They're black cameras. / These are black cameras. / Those are black cameras. – 4. It's a white phone. / That's a white phone. / This is a white phone. – 5. They're orange pens. / These are orange pens. / Those are orange pens. – 6. It's a brown bag. / That's a brown bag. / This is a brown bag. – 7. It's a purple watch. / That's a purple watch. / This is a purple watch. – 8. It's a green and pink cup. / That's a green and pink cup. / This is a green and pink cup. – 9. It's a grey car. / That's a grey car. / This is a grey car. – 10. It's a yellow T-shirt. / That's a yellow T-shirt. / This is a yellow T-shirt.

6. 1. apples – 2. pastries – 3. cameras – 4. sandwiches – 5. men – 6. maps – 7. postcards – 8. telephones – 9. watches – 10. pencils.

7. 1. How much are those bags? – 2. These aren't blue T-shirts, they're black T-shirts. – 3. Those cameras aren't expensive. – 4. These watches are too big. – 5. Those are very nice books. – 6. These cellphones are expensive.

PRONONCIATION

[s] maps – [z] newspapers, postcards, cameras – [iz] sandwiches, watches.

8. 1. Excuse me, do you have any French newspapers? – 2. Excuse me, how much is that small camera? – 3. Excuse me, could I see that pen? – 4. Excuse me, do you have any cheap cameras? – 5. Do you have any red T-shirts?

LEÇON 7

1. A. sales assistant, secretary, teacher, accountant – B. It isn't very easy. – It's interesting.

2. 1. Jane – 2. Linda – 3. Robert – 4. Judy – 5. Steve.

3. Steve : So, what do you do, Jane? Do you work in New York? – Jane : Yes, I'm a teacher. – Steve : Yeah? What do you teach? – Jane : I teach Spanish in a high school. How about you, Steve? What do you do? – Steve : I work for a computer company. – Jane : Is it interesting? – Steve : Yes, it is.
4. A teacher works in a school. – A secretary works in an office. – A sales assistant works in a department store. – A nurse works in a hospital. – A waiter works in a restaurant. – A journalist works in a newspaper office. – An actor works in a theatre.
5. 2. Does; Yes, he does. – 3. Are; Yes, they are. – 4. Does; No, she doesn't. She teaches in a university. – 5. Is; No, he isn't. He's a car salesman. – 6. Do; Yes, they do.
6. Nationality : French – Occupation : doctor – Employer : City Hospital.
7. His name's David Forest. – He's from Canada. – He's a journalist. – He works at ONN.
8. *Plusieurs réponses sont possibles.*
9. *Plusieurs réponses sont possibles.*

LEÇON 8

1. A. Tony – Tony's daughter – B. Tony is Bob's friend. – The girl is Tony's daughter.
2. 1. an engineer – 2. separated – 3. in Glasgow – 4. friend – 5. has a son.
3. 2. e. What are your brothers' names? – 3. d. Does your sister have any children? – 4. f. Where do your parents live? – 5. a. How old are your children? – 6. b. What does his wife teach?
4. David : number of children, 2 – number of boys, 2 – ages of boys, 9 and 14.

   Jane : number of children, 5 – number of boys, 2 – ages of boys, 3 and 7 – number of girls, 3 – ages of girls, 5, 9 and 13.
5. *Exemple de réponse :* Hi, my name's Lisa Milano. I'm thirty-five years old. I'm a waitress, and I work in an Italian restaurant. I'm married, and I have two children. My son is seven, and my daughter is nine.

   À propos d'une autre personne : My husband works in a hospital. He's a doctor.
6. 1. a – 2. any – 3. a – 4. any – 5. any – 6. a.
7. *Plusieurs réponses sont possibles.*
8. *Plusieurs réponses sont possibles.*
9. *Plusieurs réponses sont possibles.*
10. *Plusieurs réponses sont possibles.*

LEÇON 9

1. A. Manchester, London (Greenwich), Scotland, Paris – B. a small flat, a small house, a little cottage, an apartment.
2. 1. have, apartment, the city – 2. live in a, house in the – 3. apartment, new building, suburbs.
3. are you – new house – the suburbs – large garden – new baby – children – How about – work for – live in – study.
4. 2. I teach it at a secondary school. – 3. No, I don't have it. – 4. Yes, I know them. – 5. Yes, they still have it. – 6. I want it off. – 7. Put them in the living room. – 8. Yes, I speak it well.
5. In London, in the city, for a newspaper, in a small flat.
6. *Plusieurs réponses sont possibles.*
8. 1. *descendante* – 2. *ascendante* – 3. *descendante* – 4. *ascendante* – 5. *ascendante* – 6. *descendante*
9. *Plusieurs réponses sont possibles.*

TEST 1

1. 1. England – 2. ninth – 3. lemon – 4. only – 5. those – 6. water.
2. 1. c – 2. b – 3. a – 4. c – 5. a – 6. b.
3. *L'ordre des phrases est :* 2 – 5 – 4 – 1 – 8 – 3 – 9 – 7 – 10 – 6.
4. 1. What time is it in Rome? – 2. What does the green salad cost? – 3. Are those newspapers from China? – 4. I'll have some tea. – 5. Do you have any soda? – 6. Would you like something to drink?
5. 1. woman – 2. cameras – 3. these – 4. Pleased – 5. does – 6. at.
6. 1. What would you like to drink? – 2. Would you like some red or white wine? – 3. What's this? – 4. Would you like milk or sugar? – 5. Would you like some cheese and crackers or some crisps and dip? – 6. Would you like this cheese or that cheese? – 7. How about some salad? – 8. What's that?
7. 1. Yes, I am. – 2. No, it isn't. – 3. Yes, they are. – 4. Yes, he is. – 5. No, we aren't. – 6. No, you're not.
8. 1. These are Bill's cameras. – 2. They're my friends. – 3. It's Sue Fisher's team. – 4. It's Joe's telephone number. – 5. It's that woman's onion dip. – 6. It's Judy's car.
9. 1. second – 2. woman – 3. suburbs – 4. engineer – 5. friend – 6. floor.

10. 1. A secretary works in an office. – 2. A doctor works in a hospital. – 3. A waiter works at a restaurant. – 4. A teacher works in a school. – 5. A shop assistant works in a shop. – 6. A nurse works in a hospital. – 7. A journalist works in a newspaper office. – 8. An actor works in a theatre.

11. 1. Do you have any brothers or sisters?, Yes, I do. / No, I don't. – 2. Does your husband teach at the university?, Yes, he does. / No, he doesn't. – 3. Do you have any postcards?, Yes, I do. / No, I don't. – 4. Is your wife a nurse at City Hospital?, Yes, she is. / No, she isn't. – 5. Do they live in a small flat in the city?, Yes, they do. / No, they don't. – 6. Where do you work?, I work *(indiquez votre lieu de travail).*

12. 1. Where does she live? – 2. How old is she? – 3. What's her husband's name? – 4. How many children does she have? – 5. How old are they? – 6. Where does Paul work?

LEÇON 10

1. A. the post office – B. She needs to head for the Italian restaurant. Around the corner is the Grand Hotel. The post office is just next to it.

2. 1. bank – 2. French restaurant – 3. petrol station – 4. supermarket – 5. chemist's – 6. theatre.

3. is there – there's, next, next to – there's, next to.

4. *Plusieurs réponses sont possibles.*

5. 1. There's a bus stop in front of the department store now. – 2. There's a supermarket to the right of the department store now. – 3. There are some flats next to (to the left of) the school now. – 4. There's a car park next to the hotel now.

6. The first building is a theatre. – The second building is a computer shop. – The third building is a department store. – The fourth building is a supermarket. – The fifth building is a block of flats. – The sixth building is a school. – The seventh building is a hotel.

7. *Plusieurs réponses sont possibles.*

LEÇON 11

1. A. the ABC Theatre, Paddington Station – B. The theatre is relatively close by: 2-3 blocks. Paddington Station is also close by: 1 right turn and 1 left turn.

2. 1. bus station – 2. post office – 3. Forest Road.

3. straight ahead – blocks – turn left – second right – the corner – turn – the first right.

4. *Exemples de réponses :* 1. Go straight ahead then take the third left. Go straight on. There's a theater on the right. Turn right. Go straight on. The supermarket is on the right. – 2. Go straight on for three blocks. Turn left and then turn right. Go straight ahead. – 3. Go straight on for two blocks. It's on the right. – 4. Go straight ahead for two blocks and turn left.

5. Go up the hill. – Go past the post office. – Go over the bridge. – Go through a park. – Go past a school.

   Le bon ordre est le suivant : 3 – 5 – 1 – 4 – 2.

6. 1. Don't walk to the traffic light and don't turn right. – 2. Don't go through the park and don't turn left. – 3. Don't go straight ahead as far as the school. – 4. Don't go past the post office. – 5. Don't turn right then don't go straight ahead for about two minutes.

7. *Plusieurs réponses sont possibles.*

8. *Plusieurs réponses sont possibles.*

LEÇON 12

1. A. a sports shop, a pool, the post office – B. The sports shop is closed on Sundays and Mondays. The pool is closed on Wednesday and Thursday evenings. The post office is closed on Saturday afternoons and Sundays.

2. 1. Gino's Restaurant ; Gino's restaurant is open from 6:30 p.m. (six-thirty) to 11:45 p.m. (eleven forty-five) – 2. Dickens Department Store; The Dickens Department Store is open from 10:00 a.m. (ten o'clock) to 6:15 p.m. (six fifteen) – 3. The Pink Champagne Nightclub; The Pink Champagne Nightclub is open from 8:20 p.m. (eight-twenty) to 2:00 a.m. (two o'clock).

3. Flea Market: open on Sundays only, from 10:00 a.m. to 5:30 p.m. – Empire State Building: open every day, from 9:30 a.m. to 12:00 midnight – Bronx Zoo tour : on Saturdays only, from 9:00 a.m. to 4:00 p.m. – Beautiful Bronx Bus tour: on Tuesdays, Wednesdays and Thursdays, from 8:00 a.m. to 1:00 p.m.

4. 1. Is the Empire State Building open every day? – 2. Is the Flea Market open every day? *ou* Is the Flea Market open on Saturdays? – 3. What time does the Flea Market open? – 4. What day is the Bronx Zoo tour? – 5. How much is the beautiful Bronx tour?

5. *Plusieurs réponses sont possibles.*

6. Man, I hate Mondays. I am a late sleeper, so when my alarm rings **at** 7:00 a.m. **on** Monday mornings, it drives me crazy. I feel like sleeping **for** another four hours! But, I have to get up **at** 7:00 a.m., so I can have (*Brit.*) / take (*Am.*) a shower, drink a quick coffee and be **on** the corner **at** the bus stop to catch my bus **at** 7:30 a.m. Though I don't live too far away **from** my job, it takes **about** 30 minutes to get there. I start **at** 8:00 a.m. Monday to Friday on the dot.

I work as a secretary. I work **from** 8:00 a.m. **to** 5:00 p.m., and I have one hour to eat my lunch. I usually go **from** 12:00 p.m to 1:00 p.m ; sometimes I have to go **at** 12, because I am just too hungry! The only good thing about starting early **in** the morning is that I finish early **in** the afternoon. In the evening, I usually like to take my dog to the park. We are usually there every day **from** 6:00 **to** 7:00 p.m. Sometimes afterwards, I meet up with some friends, or go to the library or maybe watch some T.V. **At** (*Brit.*) / **On** (*Am.*) weekends, I like to spend time with friends, go shopping or go to the beach. I wish every day were Saturday **or** Sunday!

8. 1. Sundays, Mondays – 2. left, right – 3. Don't, park – 4. watches, fourth – 5. time, close

LEÇON 13

1. A. a. computers b. camcorders c. a DVD player – B. a. yes b. no c. We don't know.
2. a. 1 – b. 3 – c. 2 – d. 4 – e. 5.
3. 1. 6, closing, purchases – 2. shoppers, sale, off, on sale (*Am.*) – 3. fifth, department – 4. boy, blue jacket – 5. pair, half-price.
4. *Plusieurs réponses sont possibles.*
5. *Plusieurs réponses sont possibles.*
6. 1. They are buying a TV. – 2. She's buying a pair of shoes. – 3. She's paying for some toys. – 4. He's picking out shirts.
7. are, doing – buying – do, shop – is working – doing.
8. *Exemples de réponses :* 1. I am buying a computer today. – 2. Is anybody helping you ? – 3. I am looking for a red jacket. – 4. I am paying for my purchases right now. – 5. I am shopping for shoes today.
9. *Exemples de réponses :* Vendeur : Can I help you? – **Client 1 :** Yes, do you stock (*Brit.*) / carry (*Am.*) camcorders? – Vendeur : Yes, we do. – **Client 1 :** May I see what you have? / Thanks for your help. – **Client 2 :** Excuse me. Could you help me? – Vendeur : Of course! – **Client 2 :** I'm looking for jackets. – Vendeur : Jackets are located in the clothing department on the second floor.

LEÇON 14

1. A. a blouse, a jacket, a skirt – B. client 3.
2. 1. try, dressing room (*Am.*) / fitting room (*Brit. & Am.*), small, tight, bigger, luck – 2. great, expensive, less expensive – 3. short, longer, longer, better.

3. 1. more attractive – 2. brighter – 3. darker – 4. fatter – 5. greater – 6. heavier – 7. lighter – 8. longer – 9. louder – 10. narrower – 11. shorter – 12. more stylish – 13. tighter – 14. wider – 15. bigger.

4. Customer 1 wants a smaller shirt. – Customer 2 wants cheaper pants (*Am.*)/trousers (*Brit.*). – Customer 3 wants a shorter skirt.

5. 1. d – 2. c – 3. b – 4. a.

6. *Exemples de réponses :* 1. The colour (*Brit.*) / color (*Am.*) of the first shirt is brighter. *ou* The colour (*Brit.*) / color (*Am.*) of the second shirt is lighter. – 2. The colour (*Brit.*) / color (*Am.*) of the left jacket is lighter. *ou* The colour (*Brit.*) / color (*Am.*) of the right jacket is darker. – 3. The left skirt is longer. *ou* The right skirt is shorter. – 4. The first bag is smaller. *ou* The second bag is bigger *ou* heavier. – 5. These grey trousers (*Brit.*) / gray pants (*Am.*) are bigger. *ou* These black trousers (*Brit.*) / pants (*Am.*) are smaller.

7. Yes. Do you stock (*Brit.*)/carry (*Am.*) jeans? – They're too expensive. Do you have something less expensive? – Can I try them on? – I like them. I'll take them.

LEÇON 15

1. a. by credit card – b. by cheque (*Brit.*) / check (*Am.*) / in cash – c. by cheque (*Brit.*) / check (*Am.*).

2. £63.00 : sixty three pounds – £125.00 : a hundred and twenty five pounds – £190.00 : a hundred and ninety pounds – £250.00 : two hundred and fifty pounds – £315.00 : three hundred and fifteen pounds – £437.00 : four hundred and thirty seven pounds – £490.00 : four hundred and ninety pounds – £1 000.00 : a thousand pounds – £350.00 : three hundred and fifty pounds – £545.00 : five hundred and forty five pounds.

3. 1. two hundred and seventy two pounds – 2. four hundred and thirty one pounds ninety nine – 3. five hundred and twelve pounds – 4. six hundred and twenty dollars – 5. seven hundred and three pounds eighty six– 6. eight hundred and forty four pounds – 7. nine hundred and twenty four pounds ninety nine – 8. nine hundred and eighty nine dollars.

4. 1. The green cardigan is more expensive than the white cardigan. – 2. The black dress is more expensive than the pink dress. – 3. The gold ring is less expensive than the diamond ring. – 4. The blue suit is less expensive than the black suit.

5. *Plusieurs réponses sont possibles.*

6. *Exemples de réponses :* 1. I like the colour (*Brit.*) [color (*Am.*)] blue more (*Brit.*) [better (*Am.*)] than the colour (*Brit.*) [color (*Am.*)] red./I like the colour (*Brit.*) [color (*Am.*)] red less than the colour (*Brit.*) [color (*Am.*)] blue., etc.

7. *Plusieurs réponses sont possibles.*

8. 1. a – 2. b – 3. a.

LEÇON 16

1. A. *Homme 1 :* He takes the train and then the subway (*Am.*) / underground (*Brit.*). – *Femme :* She takes the bus. – *Homme 2 :* He goes by car. – B. *Homme 1 :* an hour and a half – *Femme :* 35 minutes – *Homme 2 :* about an hour or so.
2. 1. d – 2. a – 3. e – 4. c – 5. b.
3. for, by – X – to – to, by – X, to – to, on.
4. 1. How do you get to work? – 2. What time do you leave home? – 3. How long does it take you to get to work? – 4. Do your children take the bus to school? – 5. What time do you and your husband get home? – 6. à 10. *Plusieurs réponses sont possibles.*
5. *Exemples de réponses :* Jack : Hi, I'm Jack. – Ava : I'm Ava. Nice to meet you. – Jack : So where do you live, Ava? – Ava : I live out in the suburbs. How about you? – Jack : Oh, I live in the city. I like it. – Ava : Do you? And what do you do? – Jack : I work at a newspaper from 8:30 to 5 every day. – Ava : Is your office in the city? – Jack : Yes, actually I could walk to work, but I'm kind of lazy. It takes 20 minutes on foot, but I usually go by bus which takes about 10 minutes. What about you? – Ava : I work at a chemist's from 10 to 6 every day. I go by car, and it takes me about 30 minutes. I would love to be able to go on foot!
6. *Plusieurs réponses sont possibles.*
7. *Plusieurs réponses sont possibles.*

LEÇON 17

1. A. $2.25 – B. a transfer.
2. 1. downtown – 2. go downtown – 3. a local train – 4. doesn't stop at Park Street.
3. 5 – 1 – 3 – 2 – 4 – 6.
4. 1. Which, goes, take, stop – 2. this, to, stops – 3. there, much, change, MetroCard.
5. 1. Where does the number 42 bus stop? / Where can I get the number 42 bus? – 2. How much is the fare? / What's the fare? – 3. Do I (you) need exact change? – 4. Do you have any change? – 5. Where is the underground station?
6. *Exemples de réponses :* 1. There's a stop at the next corner. – 2. The nearest station is "Charing Cross" – 3. The fare is £2.25. – 4. You need a token or exact change. – 5. Yes, you can buy tickets from the driver.
7. *Plusieurs réponses sont possibles.*
8. *Plusieurs réponses sont possibles.*

LEÇON 18

1. a. Trafalgar Square – b. Heathrow Airport – c. the Victoria and Albert Museum.

2. 1. about ten minutes – 2. $4.00 (four dollars) – 3. $5.00 (five dollars) / $4.00 plus $1.00 for the tip.

3. *Exemples de réponses :* 1. Can you take me to the Natural History Museum? – 2. Can I have a receipt? / May I have a receipt? – 3. Can you change a note? (*Brit.*), Can you make change? (*Am.*) – 4. Can you give me a map? / May I have a map? – 5. Can you tell me how long it takes to get to Gatwick Airport by taxi?

6. is taking – is – does, take – Do, want – don't, know, Do, think – am – is, moving.

7. *Exemples de réponses :* **Homme :** Are you free? – **Chauffeur de taxi :** Yes, I'm free. – **Homme :** How long does it take to get to Hyde Park from here? – **Chauffeur de taxi :** Oh, about 10 minutes. – **Homme :** What's the fare, more or less? – **Chauffeur de taxi :** Less than £5. – **Homme :** Ok, great.

8. Can, to – going to – off – are you doing – some, meeting, we're seeing – to – take, on.

TEST 2

1. 1. a – 2. them – 3. around – 4. any – 5. good – 6. at.

2. 1. b – 2. f – 3. e – 4. a – 5. d – 6. c.

3. 1. in (*Brit.*) / on (*Am.*) – 2. at – 3. on – 4. in (*Brit.*) / on (*Am.*) – 5. in – 6. at – 7. on – 8. in – 9. at – 10. on.

4. 1. Yes, there's one on the corner. – 2. No, there aren't any. – 3. Yes, there is one near the post office. – 4. No, there isn't one. – 5. Yes, there are some on the next block. – 6. Yes, there are some in (*Brit.*) / on (*Am.*) Main Street.

5. 1. by – 2. by – 3. on – 4. at – 5. by – 6. in (*Brit.*) / on (*Am.*).

6. 1. How far is it? – 2. Is there a bank near here? – 3. Where is the fitting room? – 4. How do you get to work? – 5. How do I get to the Palace Theatre (from here)? – 6. How long does it take?

7. 1. longer – 2. more / less expensive – 3. better – 4. faster – 5. smaller – 6. lighter.

8. 1. c – 2. a – 3. c – 4. a – 5. b – 6. b.

9. 1. takes – 2. get – 3. walk – 4. wear – 5. costs – 6. works.

10. 1. d – 2. a – 3. f – 4. e – 5. c – 6. b.

11. 1. car, aeroplane (*Brit.*) / airplane (*Am.*), taxi – 2. trousers (*Brit.*) / pants (*Am.*), suit, blouse – 3. exact change, cheque (*Brit.*) / check (*Am.*), ticket – 4. dark, bright, short – 5. walk, drive, on foot.

12. 1. am going – 2. is wearing – 3. is studying – 4. am getting – 5. is working – 6. is taking, am taking.

Crédits Photographiques

LEÇON 1

(8) Diego Cervo.Fotolia.2011
(9) Kurhan.Shutterstock.2010
(10) ©iStockphoto.com/gchutka, StockLite.Shutterstock.2010, 12foto. de.Shutterstock.2010, Phil Date. Shutterstock.2010
(17) Yuri Arcurs.Shutterstock.2010
(17) Aleksandra Nadeina.Shutterstock.2010, Jose AS Reyes.Shutterstock.2010, Stanislav Komogorov.Shutterstock.2010, Kurhan.Shutterstock.2010, Seamartini Graphics.Shutterstock.2010, Yuri Arcurs.Shutterstock.2010, caimacanul. Shutterstock.2010

LEÇON 2

(19) Orange Line Media.Shutterstock.2008
(23) Stephen Coburn.Shutterstock.2010
(24) ©Shutterstock.2010, RTImages. Shutterstock.2010, R. Gino Santa Maria. Shutterstock.2010, J. Hersh Photo. Shutterstock.2010, ©AgeFotostock/Studio Fourteen/Brand X Pictures, Yuri Arcurs. Shutterstock.2010
(25) Blaj Gabriel.Shutterstock.2010

LEÇON 3

(31) Yuri Arcurs.Shutterstock.2010
(33) wave break media ltd.Shutterstock.2010
(35) ©iStockphoto.com/dulezidar
(34) cristovao.Shutterstock.2010

LEÇON 4

(41) Creatista.Shutterstock.2010
(42) ©2010 Fotolia/Edyta Pawlowska
(42) et (47) Iwona Grodzka.Shutterstock.2010

LEÇON 5

(45) T-Design.Shutterstock.2010
(46) Ilker Canikligil.Shutterstock.2008, Valentyn Volkov.Shutterstock.2008, Bjorn Heller.Shutterstock.2008, imageZebra.Shutterstock.2008
(47) Sandra Voogt.Shutterstock.2010

LEÇON 6

(55) ©iStockphoto.com/alvarez
(63) Nayashkova Olga.Shutterstock.2010, Voronin76.Shutterstock.2010, Shane White.Shutterstock.2010

LEÇON 7

(67) ©Shutterstock.2010
(68) Maridav.Shutterstock.2010, eyedear. Shutterstock.2010, Wallenrock. Shutterstock.2010, EDHAR. Shutterstock.2010
(70) zhu difeng.Shutterstock.2010, moshimochi. Shutterstock.2010, ©iStockphoto.com/ joshblake, AVAVA.Shutterstock.2010, Ronen.Shutterstock.2010

LEÇON 8

(77) Monkey Business Images. Shutterstock.2010
(83) absolut.Shutterstock.2010, ©Samuel Borges.Fotolia.2011 Andy Dean Photography.Shutterstock.2010

LEÇON 9

(87) ©Dhorax.Fotolia.2011
(89) Jorge Salcedo.Shutterstock.2010
(90) Kurhan.Shutterstock.2010, absolut. Shutterstock.2010

LEÇON 10

(109) Factoria singular fotografia. Shutterstock.2010
(110) ©iStockphoto.com/buzbuzzer

LEÇON 11

(119) baki.Shutterstock.2010

LEÇON 12

(129) Dgrilla.Shutterstock.2010
(130) Francesco Ridolfi.Shutterstock.2010
(134) rj lerich.Shutterstock.2010, ©Nimbus.Fotolia.2011, gary718. Shutterstock.2010

LEÇON 13

(139) lofoto.Shutterstock.2010
(145) ©2010 Fotolia/gwimages, Skylinephoto.Shutterstock.2010 Dmitriy Shironosov.Shutterstock.2010 Losevsky Pavel.Shutterstock.2010
(146) Losevsky Pavel.Shutterstock.2010

LEÇON 14

(149) Gladskikh Tatiana.Shutterstock.2010
(150) Yuri Arcurs.Shutterstock.2010

LEÇON 15

(159) ©2010 Fotolia/Suprijono Suharjoto
(160) Dmitriy Shironosov.Shutterstock.2010
(166) BrianSM.Shutterstock.2010, Stanislav Fridkin.Shutterstock.2010, hifashion. Shutterstock.2010, get4net. Shutterstock.2010, Darren Baker. Shutterstock.2010, Crystal Kirk. Shutterstock.2010, Tony Wear. Shutterstock.2010, East. Shutterstock.2010

LEÇON 16

(169) Marcin Wasilewski.Shutterstock.2010
(170) Kurhan.Shutterstock.2010, R. Gino Santa Maria.Shutterstock.2010, Layland Masuda.Shutterstock.2010, Andresr. Shutterstock.2010
(173) Blaz Kure.Shutterstock.2010, Vibrant Image Studio.Shutterstock.2010
(174) Kurhan.Shutterstock.2010
(176) bikeriderlondon.Shutterstock.2010

LEÇON 17

(179) PixAchi.Shutterstock.2010
(181) Danger Jacobs.Shutterstock.2010
(183) Blaz Kure.Shutterstock.2010, Vibrant Image Studio.Shutterstock.2010

LEÇON 18

(189) ©AlexQ.Fotolia.2011
(190) Konstantin Sutyagin.Shutterstock.2010
(197) Konstantin Sutyagin.Shutterstock.2010, Andresr.Shutterstock.2010